어를 대조해 가면서 일어를 배우는

스마트 일본여행회화

TRAVELER'S CONVERSATION IN JAPAN

하영환 편져

법문 북스

머 리 말

　이 책은 일본어를 배우거나 일본 여행을 하려는 모든 분들에게 제공하는 회화책으로서 문장이 간단하고 짧으며 내용이 실용적이고 광범위하며 보편적인데다 누구나 일본어 회화를 단시일내에 알기 쉽게 배울 수 있도록 꾸며진 책입니다.

　또한 일어에 우리말로 발음을 표기하여 혼자서 자습하는데 매우 편리하게 했을 뿐만 아니라 세계적인 추세에 따라서 영어를 대조해 가면서 일어를 배우는 것도 매우 흥미롭고 유익한 방법이라 믿습니다.

　또한 일본 여행중 실제로 겪게될 장면을 선정하여 엮었으므로 일본 여행중 언어상의 모든 곤란을 완전히 해결해 드릴 것입니다.

　끝으로 이 책은 일본 여행자를 위한 해디 북으로 하등의 손색이 없을 뿐만 아니라 당신의 일본 여행에 좋은 친구요, 동반자가 될것으로 확신하는 바입니다.

편저자 씀

五十音図（ひらがな、カタカナ）

あ／ア a 아	い／イ i 이	う／ウ u 우	え／エ e 에	お／オ o 오
か／カ ka 카	き／キ ki 키	く／ク ku 쿠	け／ケ ke 케	こ／コ ko 코
さ／サ sa 사	し／シ ʃi 시	す／ス su 스	せ／セ se 세	そ／ソ so 소
た／タ ta 타	ち／チ tʃi 치	つ／ツ tsu 쯔	て／テ te 테	と／ト to 토
な／ナ na 나	に／ニ ni 니	ぬ／ヌ nu 누	ね／ネ ne 네	の／ノ no 노
は／ハ ha 하	ひ／ヒ çi 히	ふ／フ Φu 후	へ／ヘ he 헤	ほ／ホ ho 호
ま／マ ma 마	み／ミ mi 미	む／ム mu 무	め／メ me 메	も／モ mo 모
や／ヤ ja 야	い／イ i 이	ゆ／ユ ju 유	え／エ e 에	よ／ヨ jo 요
ら／ラ ra 라	り／リ ri 리	る／ル ru 루	れ／レ re 레	ろ／ロ ro 로
わ／ワ wa 와	い／イ i 이	う／ウ u 우	え／エ e 에	お／オ o 오
ん／ン N (응)				を／ヲ o 오

きゃ／キャ kja 캬	きゅ／キュ kju 큐	きょ／キョ kjo 쿄
しゃ／シャ ʃa 샤	しゅ／シュ ʃu 슈	しょ／ショ ʃo 쇼
ちゃ／チャ tʃa 챠	ちゅ／チュ tʃu 츄	ちょ／チョ tʃo 쵸
にゃ／ニャ nja 냐	にゅ／ニュ nju 뉴	にょ／ニョ njo 뇨
ひゃ／ヒャ hja 햐	ひゅ／ヒュ hju 휴	ひょ／ヒョ hjo 효
みゅ／ミャ mja 먀	みゆ／ミュ mju 뮤	みょ／ミョ mjo 묘

りゃ／リャ rja 랴	りゅ／リュ rju 류	りょ／リョ rjo 료

が／ガ ga 가	ぎ／ギ gi 기	ぐ／グ gu 구	げ／ゲ ge' 게	ご／ゴ go 고
ざ／ザ dza 자	じ／ジ dʒi 지	ず／ズ dzu 즈	ぜ／ゼ dze 제	ぞ／ゾ dzo 조
だ／ダ da 다	ぢ／ヂ dʒi 지	づ／ヅ dzu 즈	で／デ de 데	ど／ド do 도
ば／バ ba 바	び／ビ bi 비	ぶ／ブ bu 부	べ／ベ be 베	ぼ／ボ bo 보
ぱ／パ pa 파	ぴ／ピ pi 피	ぷ／プ pu 푸	ぺ／ペ pe 페	ぽ／ポ po 포

ぎゃ／ギャ gja 갸	ぎゅ／ギュ gju 규	ぎょ／ギョ gjo 교
じゃ／ジャ dʒa 쟈	じゅ／ジュ dʒu 쥬	じょ／ジョ dʒo 죠
ぢゃ／ヂャ dʒa 쟈	ぢゅ／ヂュ dʒu 쥬	ぢょ／ヂョ dʒo 죠
びゃ／ビャ bja 뱌	びゅ／ビュ bju 뷰	びょ／ビョ bjo 뵤
ぴゃ／ピャ pja 퍄	ぴゅ／ピュ pju 퓨	ぴょ／ピョ pjo 표

차　　례

●PART 1. 여행회화

●8

●10

PART 1

旅行會話

Lesson 1   NIHON-E(TO JAPAN)

日本へ(일본으로)

1) Kinai-de (機内で)

1. 와따시노 자세끼와 도꼬데스까 ?

   わたしの　座席は　どこですか

2. 고쩨라데　고자이마스.

   こちらで　ございます

3. 세끼오　가왓떼모　이이데스까 ?

   席を　かわっても　いいですか

4. 세끼오 가에떼 구다사이.

   席を　かえて　ください

5. 와따시노　세끼또　가왓떼　구다사이.

   わたしの　席と　かわって　ください

6. 고레오　고꼬니　오이떼모 이이데스까 ?

   これを　ここに　置いても　いいですか

7. 고레오　도꼬가니　아즈깟떼　구다사이.

   これを　どこかに　預かって　ください

8. 고노이스와　도오얏떼　다오시마스까 ?

   この椅子は　どうやって　倒しますか

1) In the plane   (기내에서)

1. Please show me to my seat.

    제 자리는 어디입니까?

2. This is your seat.

    여기입니다.

3. May I change my seat?

    좌석을 바꾸어도 좋습니까?

4. Please change my seat.

    자리를 바꾸어 주십시오.

5. Would you mind changing seats with me?

    나의 좌석과 바꾸어 주십시오.

6. May I leave this here?

    이것을 여기에 두어도 됩니까?

7. Please put this somewhere.

    이것을 어디에 보관해 주십시오.

8. How do you adjust this chair?

    이 의자는 어떻게 누입니까?

9. 고노　이야홍ー와　　고와레떼이마스.

この　イヤホーンは　こわれています

10. 나니까요무모노와　아리마셍까?

何か　読むものは　ありませんか

11. 잣시오　가시떼　구다사이.

雑誌を　貸して　ください

12. 닙뽄노　심붕가　아리마스까?

日本の　新聞が　ありますか

13. 오미즈오　입빠이　구다사이.

お水を　一杯　ください

14. 와따시와　네무인　데스가.

わたしは　ねむいん　ですが

15. 모오후오　구다사이.

毛布を　ください

16. 다바꼬오　슷떼모　이이데스까?

タバコを　吸っても　いいですか

17. 기분가　와루이데스, 나니까 구스리오 구다사이.

気分が　悪いです、何か　薬を　ください

18. 오사께또 고오스이가 가이따이데스.

お酒と　香水が　買いたいです

2)　Nipponjin jōkyaku tono kaiwa　（日本人乗客との会話）

19. 닙뽕고가　오와까리　데스까?

日本語が　おわかり　ですか

9. These earphones are out of order.

이 이어폰은 고장났습니다.

10. Have you anything to read?

뭔가 읽을 것은 없습니까?

11. Please lend me a magazine.

잡지를 빌려 주십시오.

12. Do you have any Japanese newspapers?

일본 신문이 있습니까?

13. Please give me a glass of water.

물 한 잔 주십시오.

14. I am sleepy.

나는 졸립니다.

15. Please give me a blanket.

담요를 주십시오.

16. May I smoke?

담배를 피워도 됩니까?

17. I am feeling uncomfortable, please give me some medicine.

기분이 좋지 않군요, 약 좀 주십시오.

18. I would like to buy some wine and perfume.

술과 향수를 사고 싶습니다.

2) Conversation with the Japanese on the plane (일본인 승객과의 회화)

19. Do you understand Japanese?

일본어를 할 줄 아십니까?

20. 이마 닙뽕고오 나랏떼이마스.

今　日本語を　習っています

21. 도꼬마데　이랏샤이　　　마스까?

どこまで　いらっしゃい　ますか

22. 와따시와　요꼬하마마데　이끼마스.

わたしは　横浜まで　行きます

23. 닙뽕에와　하지메떼　이까레마스까?

日本へは　はじめて　行かれますか

24. 이마마데　난까이모　닙뽕에　이끼마시따.

今まで　何回も　日本へ　行きました

25. 요꼬하마니　슨데　산넨니　나리마스.

横浜に　住んで　3年に　なります

26. 오오사까에　쇼오요오데이꾸　도쮸우데스.

大阪へ　商用で行く　途中です

27. 아노　　　스츄와데스상와　　　　닙뽄진데스까?

あの　スチューワーデスさんは　日本人ですか

28. 이마　도꼬오　돈데　이마스까?

今　どこを　飛んで　いますか

29. 아또　도노구라이　데　쯔끼마스까?

あと　どのくらい　で　着きますか

30. 아또　산집뿡구라이　다또　오모이마스.

あと　30分ぐらい　だと　思います

31. 얏또　쯔끼마시따네.

やっと　着きましたね

20. **I am learning Japanese now.**

지금 일본어를 배우고 있는 중입니다.

21. **What is your destination?**

어디까지 가십니까?

22. **I am going to Yokohama.**

나는 요꼬하마까지 갑니다.

23. **Is this your first visit to Japan?**

일본에는 처음 가십니까?

24. **I have been to Japan many times.**

지금까지 여러 차례 일본을 갔습니다.

25. **I have been living in Yokohama for three years.**

요꼬하마에 산지가 3년 되었습니다.

26. **I am on my way to Osaka for a business trip.**

오오사까에 사업상 가는 중입니다.

27. **Is that stewardess a Japanese?**

저 스튜어디스는 일본인입니까?

28. **Which place is this plane now flying over?**

지금 어디를 날고 있습니까?

29. **How much longer will it be before we arrive?**

앞으로 얼마쯤 후에 도착합니까?

30. **I think in about thirty minutes.**

앞으로 약 30분 정도 인것 같습니다.

31. **We have arrived at last.**

마침내 도착했군요.

32. 다노시꾸 스고사세떼 이따다끼마시따.

楽しく　過ごさせて　いただきました

33. 이로이로　오세와니　나리마시따.

いろいろ　お世話に　なりました

34. 요꼬하마니 고라레따라 렌라꾸시떼　구다사이.

横浜に　来られたら　連絡して　ください

35. 고레와　와따시노　메이시데스.

これは　わたしの　名刺です

36. 고꼬니 쥬-쇼또 뎅와방고-가 가이떼아리마스.

ここに　住所と　電話番号が　書いてあります

37. 오나마에또 쥬-쇼오 가이떼　이따다게마스까?

お名前と　住所を　書いて　いただけますか

38. 오떼가미오 구다사이.

お手紙を　ください

39. 샤싱오　오꾸리시마스.

写真を　お送りします

3)　Zeikan-de　（税関で）

40. 파스뽀-또오　미세떼　구다사이.

パスポートを　見せて　ください

41. 고레가　와따시노　파스뽀-또데스.

これが　わたしの　パスポートです

42. 료꼬-노모꾸데끼와 난데스까?

旅行の目的は　何ですか

32. **I am glad to have had a pleasant travelling companion.**

즐거웠습니다.

33. **Thank you for your help.**

여러가지로 신세를 졌습니다.

34. **Please contact me when you come to Yokohama.**

요꼬하마에 오시거든 연락해 주십시오.

35. **This is my name card.**

이것은 저의 명함입니다.

36. **My address and telephone number are written here.**

여기에 주소와 전화번호가 적혀 있습니다.

37. **May I have your name and address, please?**

성함과 주소를 써 주시겠습니까?

38. **Please write to me.**

편지 해 주십시오.

39. **I shall send you the photograph.**

사진을 보내겠습니다.

3) At the customs office (세관에서)

40. Please show me your passport.

여권을 보여 주십시오.

41. This is my passport.

이것이 제 여권입니다.

42. **What is the purpose of your trip?**

여행 목적은 무엇입니까?

43. 강꼬-료꼬-데 기마시따.
観光旅行で 来ました

44. 죠오요오 (시고또)데 기마시따.
商用 (仕事) で 来ました

45. 쥬진니 아이니 기마시따.
主人に 会いに 来ました

46. 벤꾜오 (류우가꾸)니 기마시따.
勉強 (留学) に 来ました

47. 도노구라이 타이자이 사레마스까?
どのくらい 滞在 されますか

48. 밋까깐 타이자이 시마스.
3日間 滞在 します

49. 데니모쯔와 도꼬데 우께또레바 이이데스까?
手荷物は どこで 受け取れば いいですか

50. 니모쯔가 데떼기마셍.
荷物が 出て来ません

51. 와따시노 니모쯔와 산꼬데스.
わたしの 荷物は 3個です

52. 니모쯔가 히도쯔 다리마셍.
荷物が 一つ 足りません

53. 도레구라이노 오오끼 사데스까?
どれくらいの 大きさですか

54. 고레구라이노 오오끼 사데스.
これくらいの 大きさです

43. **I have come for sight-seeing.**

관광여행차 왔습니다.

44. **I have come on business.**

사업일 (비즈니스)로 왔습니다.

45. **I have come to meet my husband.**

남편을 만나러 왔습니다.

46. **I have come to study.**

공부(유학)하러 왔습니다.

47. **How long will you be staying here?**

얼마나 체류하실 것입니까?

48. **I shall be staying for three days.**

3일간 머물겠습니다.

49. **Where can I collect my hand luggage?**

수하물은 어디에서 찾습니까?

50. **My luggage has not appeared.**

짐이 나오지 않습니다.

51. **I have three suitcases.**

나의 짐은 3개입니다.

52. **There is one suitcase missing.**

짐이 하나 모자랍니다.

53. **What is the size of the suitcase?**

어느정도 크기입니까?

54. **It is about this size.**

이 정도 크기입니다.

55. 이로와 아까데스.

色は　赤です

56. 소또가와니 와따시노 쥬우쇼또 씨메이가　가이떼아리마스.

外側に　わたしの　住所と　氏名が　書いてあります

57. 나니까 싱꼬꾸스루모노와　아리마셍까?

何か　申告するものは　ありませんか

58. 고노　도랑꾸-니 나니가 하잇떼이마스까?

この　トランクに　何が　入っていますか

59. 도랑꾸오　아께떼 구다사이.

トランクを　開けて　ください

60. 젠부　미노마와리힌데스.

全部　身のまわり品です

61. 기낀조꾸루이와　아리마셍.

貴金屬類は　ありません

62. 고노　카메라와　와따시가　쯔깟떼이마스.

この　カメラは　わたしが　使っています

63. 고레와 도모다찌에노 오미야게데스.

これは　友だちへの　おみやげです

64. 위스끼오　산봉　못떼이마스.

ウイスキーを　3本　持っています

4) Kūkō kara shinai-e （空港から市内へ）

65. 후론또와　도꼬데스까?

フロントは　どこですか

55. The colour is red.

빨간 색깔입니다.

56. **My name and address are written on the outside.**

겉면에 저의 주소와 이름이 적혀 있습니다.

57. **Do you have anything to declare?**

뭔가 신고할 것은 없습니까?

58. **What is in this trunk?**

이 트렁크에 무엇이 들어 있습니까?

59. **Please open the trunk.**

트렁크를 열어 주십시오.

60. **These are all personal belongings.**

전부 일상생활에 필요한 소지품입니다.

61. **I do not have any precious jewelry.**

귀금속류는 없습니다.

62. **This camera is for my personal use.**

이 카메라는 제가 사용하고 있습니다.

63. **This is a present for a friend.**

이것은 친구에게 줄 선물입니다.

64. **I have three bottles of whisky.**

위스키를 세 병 가지고 있습니다.

4) From the airport to the city   (공항에서 시내로)

65. **Where is the information desk?**

안내소는 어디에 있습니까?

66. 이이 호떼루오 쇼오까이시떼 구다사이.

いい　ホテルを　紹介して　ください

67. 구우꼬오노찌까꾸니 호떼루오 미쯔께떼 구다사이.

空港の近くに　ホテルを　見つけて　ください

68. 나리따(고꾸사이)구우꼬오까라 도－쿄마데 난지깡구라이 가까리 마스까?

成田（国際）空港から　東京まで　何時間ぐらい　かかり ますか

69. 고꼬까라 도－쿄마데 스꾸나꾸또모 니지깡가까리마스.

ここから　東京まで　少なくとも　2時間かかります

70. 고꼬까라 도－쿄에이꾸노니 이로이로나호오호오가 아리마스.

ここから　東京へ行くのに　いろいろな方法が　あります

71. 고꼬까라 도－쿄에이꾸노니 마즈 하꼬자끼 (도－쿄시티·에어－·타－미나루)마데 리무진·바스니노루또 벤리데스.

ここから　東京へ行くのに　まず　箱崎（東京シティー·エアー·ターミナル）まで　リムジン·バスに乗ると　便利です

72. 고꼬까라 하꼬자끼마데 리무진·바스데 나나집뿡가까리 마스.

ここから　箱崎まで　リムジン·バスで　70分かかります

66. **Could you recommend a good hotel?**

좋은 호텔을 소개해 주십시오.

67. **Please look for the hotel near the airport.**

공항 가까이에 있는 호텔을 찾아 주십시오.

68. **How long does it take to go to Tokyo from Narita International Airport?**

나리따 (국제) 공항에서 동경까지 몇 시간 정도 걸립니까?

69. **It takes at least two hours from here.**

여기서 동경까지 적어도 2시간은 걸립니다.

70. **There are many ways to reach Tokyo from here.**

여기서 동경에 가는길은 여러가지 방법이 있습니다.

71. **From here to Tokyo, it is convenient to take the limousine bus to Hakozaki (Tokyo City Air Terminal) first.**

여기서 동경에 가는 데는, 우선 하꼬자끼 (東京 City. 에어터미널)까지 리무진 버스를 타는 것이 편리합니다.

72. **It takes about 70 minutes from here to Hakozaki by limousine bus.**

여기에서 하꼬자끼까지 리무진 버스로 70분 걸립니다.

73. 고꼬까라 도오꾜오노 호떼루마데 타끄시-데 이꾸라가까
리마쓰까?

ここから 東京の ホテルまで タクシーで いくらかか
りますか

74. 고꼬까라 도오꾜오노 호떼루마데 다꾸시-데 야꾸니망엔
가까리마스.

ここから 東京の ホテルまで タクシーで 約2万円
かかります

75. 고노 쥬-쇼노도꼬로에 잇떼 구다사이.

この 住所のところへ 行って ください

76. 고꼬까라 게에이세이 나리따구우꼬오에끼마데 바스데 고홍
가까리마스.

ここから 京成成田空港駅まで バスで 5分かかります

77. 게이세이나리따구우꼬오에끼까라 스카이라이나-(독큐-)데
우에노마데 이께마스.

京成成田空港駅から スカイライナー(特急)で 上野ま
で 行けます

78. 기꼬꾸노사이와 하꼬자끼데모 슉꼬꾸데쓰즈끼가 데끼마스.

帰國の際は 箱崎でも 出国手続きが できます

79. 고꾸나이셍와 하네다고꾸사이구우꼬오까라 데떼이마스.

國内線は 羽田國際空港から 出ています

73. **How much will it cost to get to the hotel in Tokyo by taxi from
    here.**

    여기서 동경의 호텔까지 택시로 얼마나 듭니까?

74. **It is about 20,000 yen from here to the hotel in Tokyo by taxi.**

    여기서 동경의 호텔까지는 택시로 약 2만엔 듭니다.

75. **Please go to this address.**

    이 주소지로 가 주세요.

76. **It takes about 5 minutes from here to Keisei Narita Airport Sta-
    tion by bus.**

    여기에서 게이세이 나리따 공항역까지 버스로 5분 걸립니다.

77. **You can go to Ueno Station by Skyliner (Special Express) from
    Keisei Narita Airport Station.**

    게이세이 나리따 공항역에서 스카이라이너(특급)로 우에노
    까지 갈 수 있습니다.

78. **You can also do the necessary departure procedures at Hakozaki
    when you return home.**

    귀국할 때에는 하꼬자끼에서도 출국수속을 할 수 있습니다.

79. **The domestic airline starts from Haneda International Airport.**

    국내선은 하네다 국제공항에서 출발합니다.

80. 야마떼센노 하마마쓰쪼오까라 하네다마데 모노레－루데 야꾸쥬우고홍
가까리마스.

**山手線の　浜松町から　羽田まで　モノレールで　約15分
かかります**

81. 하네다고꾸사이구우꼬오까라 오오사까 (이타미) 구우꼬오마데
야꾸이찌지깡 가까리마스.

**羽田国際空港から　大阪（伊丹）空港まで　約1時間　か
かります**

82. 오오사까고꾸사이구우꼬오까라 싱오오사까에끼마데 바스데 야꾸
산집뿡 가까리마스.

**大阪国際空港から　新大阪駅まで　バスで　約30分　かか
ります**

83. 오오사까고꾸사이구우꼬오까라 오오사까시나이마데 타끄시－데
야꾸고생엥 가까리마스.

**大阪国際空港から　大阪市内まで　タクシーで　約5,000
円かかります**

80. It takes about 15 minutes from Hamamatsu Chō of Yamate Line
to Haneda by monorail.

야마데선의 하마마쓰쬬에서 하네다까지 모노레일로 약15분
걸립니다.

81. It takes about one hour from Haneda International Airport to
Osaka (Itami) Airport.

하네다 국제공항에서 오오사까(이타미)공항까지 약 1시간
걸립니다.

82. It takes about 30 minutes from Osaka International Airport to
Shin Osaka Station by bus.

오오사까 국제공항에서 신오오사까역까지 버스로 약 30분
걸립니다.

83. It is about 5,000 yen from Osaka International Airport to Osaka
City by taxi.

오오사까 국제공항에서 오오사까 시내까지 택시로 약
5,000엔 듭니다.

■ Yōgo (Vocabulary) 用語

機内で	기나이데	기내에서	in the plane
倒す	다오스	누이다	lie down
雑誌	잣시	잡지	magazine
貸す	가스	빌려주다	lend
毛布	모오후	담요	blanket
気分が悪い	기분가 와루이	기분이 언짢은	uncomfortable
薬	구스리	약	medicine
香水	고오스이	향수	perfume
習う	나라우	배우다	learn
住む	스무	살다	live
商用	쇼오요오	사업	business
途中	도츄우	도중	on the way
速度	소꾸도	속도	speed
名刺	메이시	명함	calling card
住所	쥬ー쇼	주소	address
電話番号	뎅와방고ー	전화번호	telephone number
名前	나마에	이름	name
写真	샤싱	사진	photograph
税関で	제이깐데	세관에서	at the customs office
目的	모꾸데끼	목적	purpose
観光旅行	강꼬ー 료꼬ー	관광여행	sight-seeing tour
留学 （する）	류우가꾸 (스루)	유학 (하다)	study abroad
滞在 （する）	타이자이 (스루)	체재 (하다)	stay
申告 （する）	싱꼬꾸 (스루)	신고 (하다)	declare
貴金属類	기낀조꾸 루이	귀금속류	precious jewellery
足りない	타리나이	모자라다	be not enough
外側	소또가와	바깥, 겉면	outside
空港から市内へ	구우꼬오까라 시나이에	공항에서 시내로	from the airport to the city
両替	료ー가에	환전	money changing
市内	시나이	시내	city
紹介 （する）	쇼오까이 (스루)	소개 (하다)	introduce
旅券番号	료껭방고오	여권번호	passport number

搭乗地	토오죠오찌	탑승지	place of embarkation
現住所	겐쥬-쇼	현주소	present address
出生地	슛세이치	출생지	place of birth
査証 (ビザ)	사쇼오(비자)	비자	visa
査証発行地	사쇼오학꼬오쩨	비자발급지	place of issue a visa
査証発行年月日	사쇼오학꼬오 넨갓피	비자발급년월일	date of issue a visa
離陸	리리꾸	이륙	taking off
到着	토오챠꾸	도착	arrival
着陸	차꾸리꾸	착륙	landing
取り消す	토리께스	취소	cancel
通過 (トランジット)	쯔-까(토란짓토)	통과	transit
通過パス	쯔-까파스	통과증	transit visa
乗客	죠오꺄꾸	승객	passenger
手荷物	데니모쯔	수하물	hand luggage
スーツケース	스-츠케-스	옷가방	suitcase
超過荷物	쵸오까니모쯔	초과화물	excess luggage
航空会社	코오꾸우카이샤	항공회사	airline company
国際線	고꾸사이셍	국제선	international lines
国内線	고꾸나이셍	국내선	domestic lines
待合室	마쩨아이시쯔	대합실	waiting room
喫煙室	키쯔엔시쯔	흡연실	smoking room
案内所	안나이쇼	안내소	information
時刻表	지꼬꾸효-	시간표	schedule
定期便	테이끼빈	정기편	a regular flight
臨時便	린지빈	임시편	a special flight
航空券	콘화아므(카꾸닝)	항공권	air ticket
運賃	운찡	운임	charges
コンファーム (確認)	콘후아무(가꾸닝)	확인	confirmation
リ・コンファーム (再確認)	리・콘후아무(사이가꾸닝)	재확인	reconfirmation
ファースト・クラス	화-스토・그라스	일등실	first class

エコノミー・クラス	에꼬노미·쿠라스	2등, 보통석	economy class
フライト・ナンバー	후라이토·난바-	비행호수	flight -number
座席番号	자세끼방고-	좌석번호	seat number
旅行傷害保険	료코오-쇼오가이호껜	여행상해보험	travelling insurance
空港税	쿠우꼬오제이	공항세	airport duty
免税品	멘제이힌	면세품	tax-free articles
機長	키쬬오	기장	captain
スチュワーデス	스츄와-데스	스튜어디스	stewardess
スチュワード	스츄와-도	스튜어드	steward
パーサー	빠-사	사무장	purser
日付変更線	히쓰케헨꼬오센	국제일계 변경선	international date-line
時差	지사	시차	difference in time
現地時間	겐찌지칸	현지시간	local time
非常口	히죠-구찌	비상구	emergency exit
高度	코오도	고도	height
乱気流	란키류우	난기류	turbulence
禁煙	긴엥	금연	no smoking
ベルト着用	베루또 샤쿠요오	벨트착용	fasten the seat belts
救命胴衣	큐-메이토-이	구명동의	a life jacket
嘔吐袋	오오토부쿠로	구토봉지	vomiting bag (air sickness bag)
呼び出しボタン	요비다시 보단	호출버튼	call button
酸素マスク	산소 마스꾸	산소마스크	oxygen mask
使用中（あき）	시요오쮸우(아끼)	사용중(빈것)	in use (vacant)
タラップ	다랍뿌	트랩, 사다리	trap
滑走路	캇소-로	활주로	runway
中央座席	츄우오오 자세끼	중앙좌석	middle seat
通路側座席	쯔우로가와 자세끼	통로측좌석	aisle seat
税関	제이깐	세관	customs office
関税	칸제이	관세	customs duties
検査	켄사	검사	inspection
無職	무쇼꾸	무직	unemployed

主婦	슈후	가정주부	housewife
検疫	켕에끼	검역	quarantine
宝石類	호오세끼루이	보석류	jewellery
生年月日	세이넨갓삐	생년월일	date of birth
航空時間表	코오꾸우지깡효-	항공시간표	schedule for the plane
署名	쇼메이	서명	signature
出入国手続	슈쯔뉴-꼬꾸테쯔즈끼	출입국수속	emigration and immigration formalities
出国カード	슉꼬꾸 카-도	출국카드	departure card
入国カード	뉴우꼬꾸카-도	입국카드	entry card
植物	쇼꾸부쯔	식물	botany
動物	도오부쯔	동물	animal
予防接種	요보오셋슈	예방접종	vaccination
予防接種証明書	요보오셋슈쇼-메이쇼	예방접종증명서	vaccination certificate
チフス	치후스	장티프스	typhoid
天然痘	텐넨토오	천연두	small pox
コレラ	고레라	콜레라	cholera
有効期間	유우코오키칸	유효기간	period of validity
目的地	모꾸떼끼찌	목적지	destination
既婚	키콘	기혼	married
未婚	미콘	미혼	unmarried
連絡先	렌라꾸사끼	연락처	your place of contact
外貨	가이까	외화	foreign currency
現金（キャッシュ）	겡낀(캇슈)	현금	cash
性別	세이베쓰	성별	sex
男	오토꼬	남	male
女	온나	여	female

Lesson 2

HOTERU (HOTEL)

ホテル(호텔)

1. 공야　도마리따이노데스가.

今夜　泊りたいのですが

2. 모오시와께　고자이마셍，만시쓰데고자이마스.

申しわけ　ございません　満室でございます

3. 헤야오　요야꾸시따인데스가.

部屋を　予約したいんですが

4. 싱그루·루－므 (히또리헤야)　오　오네가이시마스.

シングル·ルーム（一人部屋）を　お願いします

5. 시즈까나　헤야가　아리마스까?

静かな　部屋が　ありますか

6. 헤야다이와　이꾸라데스까?

部屋代は　いくらですか

7. 못또　야스이헤야가　아리마스까?

もっと　安い部屋が　ありますか

8. 고노료오낑와　쵸오쇼꾸쯔끼데스까?

この料金は　朝食付ですか

9. 도노구라이　고타이자이데스까?

どのくらい　ご滞在ですか

1. **I would like a room tonight.**

   오늘 밤 숙박하고 싶은데요.

2. **I am sorry, we are fully occupied.**

   죄송합니다, 객실이 다 찼습니다.

3. **I would like to reserve a room.**

   방을 예약하고 싶은데요.

4. **Please give me a single room.**

   싱글 룸을 부탁합니다.

5. **Do you have a quiet room?**

   조용한 방이 있습니까?

6. **How much is the room?**

   숙박료는 얼마입니까?

7. **Do you have a cheaper room?**

   더 싼 방이 있습니까?

8. **Does this charge include breakfast?**

   이 요금은 아침식사를 포함한 것입니까?

9. **How long will you be staying here?**

   얼마나 머무르시겠습니까?

10. 고꼬니 잇슈우깐 타이자이시마스.

ここに 一週間 滞在します

11. 난닌 오또마리니 나리마스까?

何人 お泊りに なりますか

12. 와따시또 쯔마또 고도모가히또리데스.

わたしと 妻と 子供が一人です

13. 와따시와 리데스, 요야꾸오시마시따.

わたしは 李です, 予約をしました

14. 오헤야오 오또리시떼 고자이마스.

お部屋を お取りして ございます

15. 고꼬니 오나마에또 고꾸세끼또 고쇼꾸교오－오 오가끼구다사이.

ここに お名前と 国籍と ご職業を お書きください

16. 고꼬니 사잉오 오네가이이따시마스.

ここに サインを お願いいたします

17. 고꼬니 파스뽀－또·남바－오 오가끼구다사이.

ここに パスポート・ナンバーを お書きください

18. 와따시노 니모쯔오 헤야니 못떼잇떼 구다사이.

わたしの 荷物を 部屋に 持って行って ください

19. 와따시노 니모쯔오 못떼기떼 구다사이.

わたしの 荷物を 持って来て ください

20. 첵꾸·아웃또와 난지데스까?

チェック・アウトは 何時ですか

10. I will be staying here for one week.

여기에 1주일간 머뭅니다.

11. How many people will be staying?

몇 분이 묵으십니까?

12. My wife, my child and myself.

나와 처와 아이가 하나 있습니다.

13. I am Mr (Miss, Mrs) Lee, I reserved a room.

저는 李입니다. 예약을 했습니다.

14. The room has been reserved for you.

방은 예약되어 있습니다.

15. Please write your name, nationality and occupation here.

여기에다 성함과 국적과 직업을 써주십시오.

16. Please sign here.

여기에 사인을 부탁합니다.

17. Please write your passport number here.

여기에 여권번호를 적어 주십시오.

18. Please send my luggage to my room.

저의 짐을 방에 보내주세요.

19. Please bring my luggage.

나의 짐을 가져다 주십시오.

20. What is the check-out time?

체크 아웃은 몇 시 입니까?

21. 고노 기쬬오힝오 아즈깟떼 구다사이.

　　この 貴重品を 預かって ください

22. 고지니 모도리마스.

　　5時に 戻ります

23. 스구 가엣떼기마스,

　　すぐ 帰ってきます

24. 와따시 아떼노 유빙 (덴곤) 가 아리마스까?

　　わたし あての 郵便（伝言）が ありますか

25. 히죠오구찌와 도꼬데스까?

　　非常口は どこですか

26. 토이레노 미즈가 도마리마셍.

　　トイレの 水が 止まりません

27. 죠오가 고와레떼이마스.

　　錠が こわれています

28. 가기오 도꼬까니 와스레마시따.

　　鍵を どこかに 忘れました

29. 루-무·사-비스오 욘데　　구다사이.

　　ルーム・サービスを 呼んで ください

30. 모오후가 모오이찌마이 호시이데스.

　　毛布が もう一枚 ほしいです

31. 에아·콩가　　우고이떼이마셍.

　　エア・コンが 動いていません

32. 헤야오 못또　　아따다가꾸시떼구다사이.

　　部屋を もっと 暖かくして ください

21. **Please keep these valuables.**

    이 귀중품을 보관해 주십시오.

22. **I shall be back at 5 o'clock.**

    5시에 돌아옵니다.

23. **I shall be back soon.**

    곧 돌아옵니다.

24. **Is there any mail (message) for me?**

    제 앞으로 온 우편물 (전할말) 이 있습니까?

25. **Where is the emergency exit?**

    비상구는 어디에 있습니까?

26. **The water in the toilet won't stop.**

    화장실 물이 잠기지 않습니다.

27. **The lock is broken.**

    열쇠가 고장입니다.

28. **I have forgotten where my key is.**

    열쇠를 어딘가에 잃어 버렸습니다.

29. **Please call room-service.**

    룸 서비스를 불러 주세요.

30. **I would like to have another blanket.**

    담요가 한장 더 필요한데요.

31. **The air-conditioner is not working.**

    에어콘이 작동이 안됩니다.

32. **Please keep the room warmer.**

    방을 더 따뜻하게 해 주십시오.

33. 덴큐우가 기레떼이마스.

電球が　切れています

34. 크리이닝그오　오네가이　시마스.

クリーニングを　お願い　します

35. 아이롱－오　가께떼　구다사이.

アイロンを　かけて　ください

36. 구쯔오　미가이떼　구다사이.

靴を　みがいて　ください

37. 이쯔　데끼마스까？

いつ　できますか

38. 뎅와노　가께까다오　오시에떼　구다사이.

電話の　かけかたを　教えて　ください

39. 이찌니찌하야꾸 다찌따인 데스가.

一日早く　発ちたいんですが

40. 이찌니찌다이자이오 노바시따인데스가.

一日滞在を　のばしたいんですが

41. 아시따노아사 하찌지니 슛빠쯔시마스.

明日の朝　8時に　出発します

42. 모오－닝구·코오르오　오네가이시마스.

モーニング・コールを　お願いします

43. 하이, 쇼오치시마시따. 난지니　이따시마쇼오까？

はい、承知　しました。何時に　いたしましょうか

44. 아시따노아사 로꾸지한니 오네가이시마스.

明日の朝　6時半に　お願いします

33. **The light bulb has blown.**

전구가 나갔습니다.

34. **Please send this to the laundry.**

세탁을 부탁합니다.

35. **Please have this pressed.**

다림질을 해 주세요.

36. **Please clean this pair of shoes.**

구두를 닦아 주세요.

37. **When will it (they) be ready?**

언제 다 됩니까?

38. **Please show me how to operate the telephone.**

전화 거는 방법을 가르쳐 주세요.

39. **I want to leave one day earlier.**

하루 앞당겨 가고 싶은데요.

40. **I'd like to extend my stay for one more day.**

체류를 하루 더 연장시키고 싶은데요.

41. **I will leave tomorrow morning at eight o'clock.**

내일 아침 8시에 출발합니다.

42. **I want a morning call.**

모닝 콜을 부탁합니다.

43. **Yes, sir (madam), when should I call you?**

예, 알겠읍니다. 몇 시에 할까요?

44. **I would like to be called at six thirty tomorrow morning.**

내일 아침 6시 반에 부탁합니다.

45. 오나마에또 오헤야노방고-오 오시라세구다사이.

お名前と　お部屋の番号を　お知らせください

46. 햐꾸욘쥬-뀨-고시쓰노 리데스.

149号室の　李です

47. 오하요오 고자이마스. 고쩨라와 모오-닝구·사-비스
가까리데 고자이마스.

**お早よう　ございます。こちらは　モーニング・サービス
係でございます**

48. 체구·아웃또오시마스까라 세이큐우쇼-오 못떼-기떼
구다사이.

**チェック・アウトをしますから　請求書を　持って来て
ください**

49. 고꼬니 리상가 다이자이시떼 이랏샤이마스까?

ここに　李さんが　滞在して　いらっしゃいますか

50. 리상와 고쩨라니 도맛떼 이랏샤이마셍.

李さんは　こちらに　泊まって　いらっしゃいません

51. 리상와 기노오 체꾸·아우또 사레마시따.

李さんは　昨日　チェック・アウト　されました

45. Please let me know your name and room number.

성함과 방 번호를 알려 주십시오.

46. I am Miss (Mr., Mrs.) Lee from Room 149.

149호실의 李입니다.

47. Good morning, sir (madam). This is morning service.

안녕하십니까? 여기는 모닝 서비스 담당입니다.

48. I want to check out, please bring me the bill.

체크 아웃을 하겠으니 청구서를 가지고 와 주세요.

49. Is Mr. (Miss, Mrs.) Lee staying here?

여기에 李선생 (미스·부인)이 묵고 계십니까?

50. Mr. (Miss, Mrs.) Lee is not staying here.

李선생 (미스, 부인)은 여기에 안계십니다.

51. Mr. (Miss, Mrs.) Lee checked out yesterday.

李선생 (미스, 부인)은 어제 (체크 아웃) 떠났습니다.

■ Yōgo (Vocabulary) 用語

泊る	도마루	묵다	lodge
満室	만시쓰	만원	all rooms are occupied
部屋代	헤야다이	방세	room rent
朝食付	쵸오쇼꾸쯔끼	아침식사포함	lodging with breakfast included
一週間	잇슈우깡	1 주일간	one week
国籍	고꾸세끼	국적	nationality
職業	쇼꾸교오-	직업	occupation
貴重品	기쬬오힌	귀중품	valuable things
手洗い	데아라이	변소, 손씻는 곳	toilet
錠	쬬오	자물쇠	lock
鍵	가기	열쇠	key
郵便	유우빙	우편	mail
伝言	덴곤	전언	message
暖かい	아따따까이	따뜻한	warm
電球	덴큐우	전구	light bulb
アイロンをかける	아이롱오 가께루	다리미질을 하다.	press
請求書	세이큐우쇼-	청구서	bill
旅館	료깐	여관	Japanese-style hotel
モーテル	모오테루	모텔	motel
支配人	시하이닌	지배인	manager
女支配人	온나시하이닌	여지배인	manageress
チェック・イン	첵꾸·인	첵크 인	check-in
チェック・アウト	첵꾸·아웃또	첵크 아웃	check-out
予約	요야꾸	예약	appointment
ロビー	로비-	로비	lobby
フロント	후론또	안내소	front
宿帳	야도쬬오	숙박부	hotel register
会計係	카이께이가까리	회계(인)	accountant
税金	세이낑	세금	tax

サービス料	사-비스료오	서비스료	service charge
国際電話	고꾸사이뎅와	국제전화	international telephone
国内電話	고꾸나이뎅와	국내전화	local telephone
遠距離電話	쪼오꾜리뎅와	장거리전화	long-distance telephone
石けん	섹껭	비누	soap
歯みがき	하미가끼	치약	tooth paste
歯ブラシ	하부라시	칫솔	tooth brush
洗濯物	센따꾸모노	세탁물	laundry
（お）湯	（오）유	끓인물	boiled water
（お）水	（오）미즈	물	water
暖房室	단보오시쓰	난방실	heated room
冷房室	레이보오시쓰	냉방실	cold room
ルーム・サービス	루-무·사-비스	룸 서비스	room service
寝室	신시쓰	침실	bedroom
浴室	요꾸시쯔	욕실	bathroom
洗面所	셈맨쇼	세면소	lavatory
バス・タオル	바스·타오루	목욕수건	bath towel
ハンド・タオル	한도·타오루	손수건	handkerchief
机	쯔꾸에	책상	desk
椅子	이스	의자	chair
枕	마꾸라	베개	pillow
廊下	로오까	회랑	corridor
階段	카이당	계단	staircase
部屋	헤야	방	room

Lesson 3

KANKŌ (SIGHT-SEEING)

観光 (관광)

1. 와따시와　강꼬오갸꾸데스.

   わたしは　観光客です

2. 고노마찌노　안나이쇼(가이도·북그) 가 아리마스까?

   この町の　案内書（ガイド・ブック）が　ありますか

3. 고노마찌노　메이쇼오　겐부쯔시따이노데스.

   この町の　名所を　見物したいのです

4. 고노마찌노　강꼬오안나이찌즈가 아리마스까?

   この町の　観光案内地図が　ありますか

5. 오모시로이　도꼬로가 아리마스까?

   面白い　ところが　ありますか

6. 하이, 닥쌍　고자이마스.

   はい　沢山　ございます

7. 도꼬오　고란니　나리따이데스까?

   どこを　ご覧に　なりたいですか

8. 안나이스루히또가 이마스까?

   案内する人が　いますか

9. 고안나이 시마쇼오까?

   ご案内　しましょうか

1. I am a tourist.

   나는 관광객입니다.

2. Do you have a guide book of this town?

   이 거리의 안내서(가이드북)가 있습니까?

3. I would like to see the famous places in this town.

   이곳의 명소를 구경하고 싶은데요.

4. Do you have a map of this town?

   이 거리의 관광안내 지도가 있습니까?

5. Are there any interesting places to see?

   재미있는 곳이 있습니까?

6. Yes, there are a lot.

   예, 많이 있습니다.

7. What would you like to see?

   어떤 곳을 구경하고 싶으세요?

8. Do you have a tourist guide?

   안내할 사람이 있습니까?

9. May I show you around?

   안내해 드릴까요?

10. 안나이시떼 구다사이.

　　案内して　ください

11. 에이고노 하나세루 가이도상오　　오네가이시마스.

　　英語の　話せる　ガイドさんを　お願いします

12. 간꼬오바스와　도꼬데　노레마스까?

　　観光バスは　どこで　乗れますか

13. 간꼬오바스(하또바스)오 요야꾸시떼 구다사이.

　　観光バス（はとバス）を　予約して　ください

14. 하토바스와　도꼬오　마와리마스까?

　　はとバスは　どこを　回りますか

15. 돈나　코오스가　아리마스까?

　　どんな　コースが　ありますか

16. 고젠또　고고또　이찌니찌노코오스가　고자이마스.

　　午前と　午後と　一日のコースが　ございます

17. 하토바스니노루또　　도-쿄-겐부쯔가 안신시떼 데끼마스.

　　はとバスに乗ると　東京見物が　安心して　できます

18. 도-쿄에끼마에까라 노레마스.

　　東京駅前から　乗れます

19. 가이도가　아사쿠지니　오.무까에니마이리마스.

　　ガイドが　朝9時に　お迎えにまいります

20. 슛빠쓰와　난지데스까?

　　出発は　何時ですか

10. **Please show me around.**

안내해 주십시오.

11. **Please call a tourist guide who can speak English.**

영어를 할 줄 아는 안내원을 부탁합니다.

12. **Where can I take a sight-seeing bus?**

관광버스는 어디에서 탈 수 있습니까?

13. **Please reserve a seat on the sight-seeing bus (Hato bus).**

관광버스(하토버스)를 예약해 주십시오.

14. **What is the route of the "Hato Bus"?**

하토버스는 어디를 돕니까?

15. **What type of tours do you have?**

어떤 코스가 있습니까?

16. **We have morning, afternoon and whole day tours.**

오전과 오후와 1일 코스가 있습니다.

17. **If you take the "Hato Bus", you can visit Tokyo easily.**

하토버스를 타면 동경 구경을 안심하고 할 수 있습니다.

18. **You can take it in front of the Tokyo Station.**

동경역 앞에서 탈 수 있습니다.

19. **The guide will go and fetch you at nine o'clock in the morning.**

안내원이 아침 9시에 마중옵니다.

20. **What is the departure time?**

출발은 몇시죠?

21. 난지니 가에리마스까?

何時に 帰りますか

22. 난지깡 가까리마스까?

何時間 かかりますか

23. 가이도상와 나니고데 세쯔메이시떼 구레마스까?

ガイドさんは 何語で 説明して くれますか

24. 에이고데 고안나이시마스.

英語で ご案内します

25. 아나따와 히또리데 료꼬오-오시떼이랏샤이마스까?

あなたは 一人で 旅行をしていらっしゃいますか

26. 와따시와 가죠꾸또 료꼬오-오시떼이마스.

わたしは 家族と 旅行をしています

27. 와따시와 단따이갸꾸또 잇쇼니 기마시따.

わたしは 団体客と 一緒に 来ました

28. 오시고또데 이랏샤이 마시따까?

お仕事で いらっしゃい ましたか

29. 규우까데 기마시따.

休暇で 来ました

30. 이젠 고꼬니 고라레따고또가 아리마스까?

以前 ここに 来られたことが ありますか

31. 고꼬니 하지메떼 기마시따.

ここに 初めて 来ました

32. 고꼬가 고노시노 쥬-신찌데스.

ここが この市の 中心地です

21. **What time will it come back?**

몇 시에 돌아옵니까?

22. **How long does it take?**

몇 시간 걸립니까?

23. **The guide will explain in which lánguage?**

안내원온 어느나라 말로 설명해 줍니까?

24. **The guide will use English.**

영어로 안내합니다.

25. **Are you travelling alone?**

당신은 혼자서 여행하십니까?

26. **I am travelling with my family.**

저는 가족과 여행하고 있습니다.

27. **I came with a tour.**

저는 단체객과 함께 왔습니다.

28. **Did you come here on business?**

비즈니스로 오셨습니까?

29. **I came here for holiday.**

휴가차 왔습니다.

30. **Have you been here before?**

이전에 이곳에 오신 일이 있습니까?

31. **This is my first visit.**

여기에 처음으로 왔습니다.

32. **Here is the centre of the town.**

여기가 이 도시의 중심지입니다.

33. 고꼬가　고노시노　나가메노　이이도꼬로데스.

　　ここが　この市の　眺めの　いい所です

34. 고꼬데　샤싱오돗떼모　　이이데스까?

　　ここで　写真をとっても　いいですか

35. 와따시또　잇쇼니　카메라니　하잇떼 구다사이.

　　わたしと　一緒に　カメラに　入って　ください

36. 스미마셍가　　샷-따-오　오시떼　구다사이.

　　すみませんが　シャッターを　押して　ください

37. 고꼬와　난또이우　도꼬로데스까?

　　ここは　何と言う　ところですか

38. 고꼬와　나니도오리　데스까?

　　ここは　何通りですか

39. 나니오 미떼이마스까?

　　何を　見ていますか

40. 아레와　난데스까?

　　あれは　なんですか

41. 아레와　닙뽕이세노　놉뽀비루　산샤인로꾸쥬우데스.

　　あれは　日本一の　ノッポビル　サンシャイン60です

42. 아레와 니햐꾸욘쥬우메-또루노타까사데 로꾸쥬우까이아리마스.

　　あれは　240メートルの高さで　60階あります

43. 도-꾜타와-노 다까사와 니햐꾸고쥬우메-또루데스.

　　東京タワーの　高さは　250メートルです

33. **This is a good place to view the town.**

여기가 이 도시의 전망이 좋은 곳입니다.

34. **May I take a photograph here?**

여기에서 사진을 찍어도 됩니까?

35. **Excuse me, please join me in this photograph.**

나와 같이 사진을 찍읍시다.

36. **Excuse me, could you please take a picture for me?**

미안합니다만, 셔터를 눌러 주세요.

37. **What is this place called?**

여기는 어떻게 불리는 곳입니까?

38. **What is the name of this road?**

여기는 무슨 거리입니까?

39. **What are you looking at?**

무엇을 보고 있습니까?

40. **What is that?**

저것은 무엇입니까?

41. **That Sunshine Building is the tallest building in Japan.**

저것은 일본 제일의 키다리빌딩「산샤인60」입니다.

42. **That building is 240 meters high, and has 60 storeys.**

저것은 240미터 높이로 60층 입니다.

43. **The height of Tokyo Tower is 250 meters.**

동경타워의 높이는 250미터 입니다.

44. 스바라시이 데스네.

素晴しい　ですね

45. 이찌방이이 에이가깡와　도꼬데스까?

一番いい　映画館は　どこですか

46, 유-라꾸자데스.

有楽座です

47. 이마 나니오 죠오에이시떼 이마스까?

今　何を　上映して　いますか

48. 곰방노깃뿌가　아리마스까?

今晩の切符が　ありますか

49. 이이자세끼가　호시이데스.

いい座席が　ほしいです

50. 시떼이세끼오 니마이 구다사이.

指定席を　二枚ください

51. 뉴-죠료오와 이꾸라데스까?

入場料は　いくらですか

52. 푸로구라무오　구다사이.

プログラムを　ください

53. 슈야꾸와 다레데스까?

主役は　誰ですか

54. 다레가 슈쯔엔시떼이마스까?

誰が　出演していますか

55. 와따시와　고루후가 시따이데스.

わたしは　ゴルフが　したいです

44. **It is wonderful, isn't it?**

훌륭하네요!

45. **Which is the best cinema?**

가장 좋은 영화관은 어디입니까?

46. **It is the Yūrakuza Theatre.**

「유락좌」입니다.

47. **What is it showing now?**

지금 무엇을 상영하고 있습니까?

48. **Are there any tickets for tonight?**

오늘밤의 표가 있습니까?

49. **I want a good seat.**

좋은 좌석이 있었으면 하는데요.

50. **Please give me two first class tickets.**

지정석을 2장 주십시오.

51. **How much is the admission fee?**

입장료는 얼마입니까?

52. **Please give me a programme.**

프로그램을 주십시오.

53. **Who is the leading actor?**

주역은 누구입니까?

54. **Who is starring in the picture?**

누가 출연하고 있습니까?

55. **I want to play golf.**

나는 골프를 치고 싶습니다.

56. 고루후죠-에 안나이시떼　구다사이.

ゴルフ場へ　案内して　ください

57. 고루후도오구가　아리마셍.

ゴルフ道具が　ありません

58. 고루후노　도오구오　가시떼　구다사이.

ゴルフの　道具を　貸して　ください

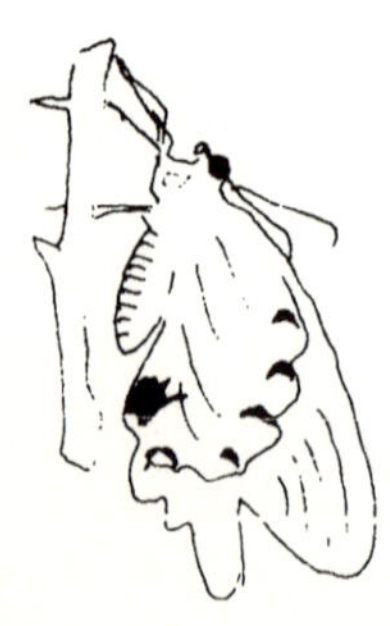

56. **Please show me to the golf links.**

골프장으로 안내해 주십시오.

57. **I do not have golf clubs.**

골프 도구가 없습니다.

58. **Could you rent me some golf clubs?**

골프 도구를 빌려 주십시오.

⊙ **동경의 주요한 国電**

山 手 線	Yamanote-sen
中 央 線	Chūō-sen
総 武 線	Sōbu-sen
京浜東北線	Keihintōhoku-sen

⊙ **동경의 지하철**

銀 座 線	Ginza-sen
丸ノ内線	Marunouchi-sen
日 比 谷 線	Hibiya-sen
東 西 線	Tōzaisen
千 代 田 線	Chiyoda-sen
有 楽 町 線	Yūrakuchō-sen
半 蔵 門 線	Hanzōmon-sen
都営浅草線	Toei Asakusa-sen
都営三田線	Toei Mita-sen
都営新宿線	Toei Shinjuku-sen

■ Yōgo (Vocabulary) 用語

観光	강꼬오	관광	sight-seeing
観光客	강꼬오갸꾸	관광객	tourist
案内書	안나이쇼	안내서	guide book
名所	메이쇼오	명소	famous places
面白い	오모시로이	재미있는	interesting
午前	고젠	오전	morning
午後	고고	오후	afternoon
説明する	세쯔메이스루	설명하다	explain
団体客	단따이갸꾸	단체손님	tour group
休暇	규우까	휴가	holiday
中心地	쥬―신찌	중심지	central point
一緒	잇쇼	함께	together
映画館	에이가깡	영화관	theatre, cinema
入場料	뉴―쬬료오	입장료	admission fee
主役	슈야꾸	주역	leading actor (actress)
出演	슈쯔엔	출연	performance
道具	도오구	도구	instrument
観光バス	강꼬오바스	관광버스	sight-seeing bus
遊覧船	유우란센	유람선	sight-seeing boat
大人	오또나	어른	adult
子供	고도모	어린이	children
フェリー	훼리	도선장	ferry
一日コース	이찌니찌・코오스	하루코스관광	full-day tour
半日コース	한니찌・코오스	반나절코스관광	half-day tour
ナイト・コース	나이또・코오스	저녁코스관광	night tour
ピック・アップ時刻	픽꾸앞푸・지꼬꾸	픽업타임	pick-up time
軽食	케이쇼꾸	경식	light meal
展望デッキ	텐보오 덱끼	전망대	observatory
旧跡	규우세기	고적	historic spot
郊外	코오가이	교외	suburb
民族音楽	민조꾸온가꾸	전통음악	traditional music

民族舞踊	민조꾸부요오	전통무용	traditional dance
タクシー	타꾸시-	택시	taxi
馬車	바샤	마차	carriage
三輪車	산린샤	삼륜 자전거	trishaw
お祭り	오마쓰리	축제	festival
海岸	카이간	해안	seashore
陸	리꾸	뭍, 육지	land
島	시마	섬	island
半島	한토오	반도	peninsula
山	야마	산	mountain
丘	오까	언덕	hill
火山	카잔	화산	volcano
温泉	온센	온천	hot spring
砂漠	사바꾸	사막	desert
海	우미	바다	sea
川	카와	내, 시내, 강	river
湖	미즈우미	호수	lake
池	이께	연못	pond
沼	누마	늪지	swamp
滝	타끼	폭포	waterfall
橋	하시	다리	bridge
噴水	훈스이	분수	fountain
芝生	시바	잔디	lawn
花壇	가당	화단	flower bed
花	하나	꽃	flower
葉	하	잎	leaf
枝	에다	가지	branch
木	기	나무	tree
森 (森林)	모리(신린)	숲 (삼림)	forest
庭 (庭園)	니와(데이엥)	정원	garden
入口	이리구찌	입구	entrance
出口	데구찌	출구	exit
立入り禁止	타찌이리킨시	출입금지	no admittance
20歳未満はお断	너시사이미반와 오코토와리	20세미만은 입장금지	no admittance for teenagers

自由にお取りく ださい	지유-니오토리 구다사이	마음대로 드세요	please help your- self
公衆電話	고-슈-뎅와	공중전화	public telephone
電話帳	뎅와쬬-	전화부	telephone directory
大使館	타이시깡	대사관	embassy
公使館	코오시깡	공사관	legation
領事館	료오지깡	영사관	consulate
現像する	겐쇼오. 스루	현상하다	develop a photo- graph
焼付	야키쓰께	인화	print the photo- graph
祭日	사이지쓰	축제일	public holiday

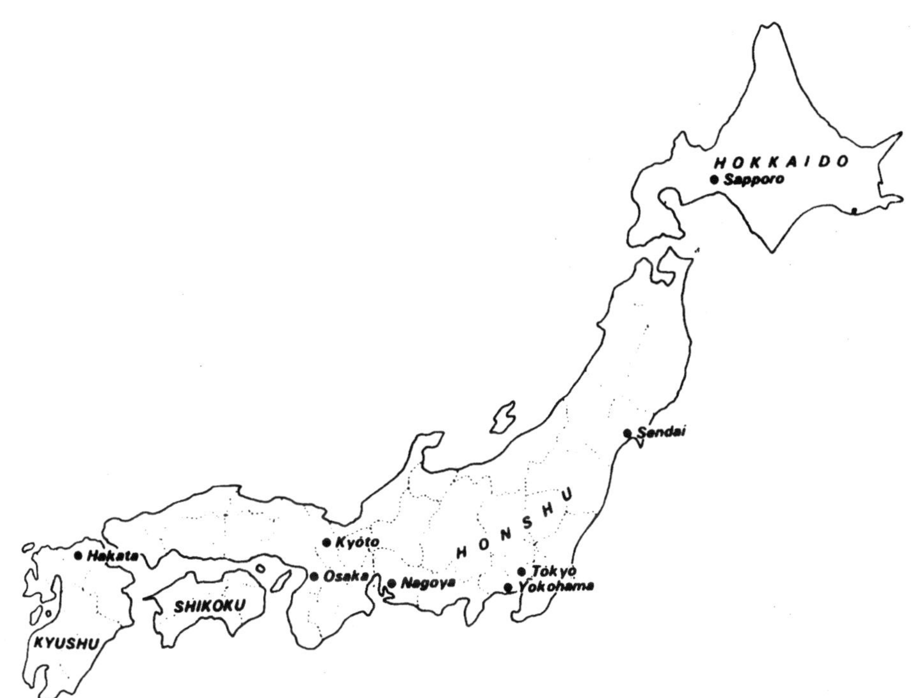
HOKKAIDO
Sapporo
Sendai
HONSHU
Kyoto
Hakata
Osaka
Nagoya
Tokyo
Yokohama
SHIKOKU
KYUSHU
OKINAWA

Lesson 4   SHOKUJI (MEALS)

食事 (식사)

1. 와따시와 오나까가 스끼마시따.

   わたしは おなかが すきました

2. 나니까 다베따이데스.

   何か 食べたいです

3. 와따시와 노도가 가와끼마시따.

   わたしは のどが 渇きました

4. 나니까 노미따이데스.

   何か 飲みたいです

5. 고노 찌까꾸니 레스또랑가 아리마스까?

   この 近くに レストランが ありますか

6. 이마 얏떼이루 레스또랑가 아리마스까?

   今 やっている レストランが ありますか

7. 반고-항오 고잇쇼니 이까가데스까?

   晩ご飯を ご一緒に いかがですか

8. 와따시가 고찌소오 시마스.

   わたしが ご馳走 します

9. 세이소오가 히쯔요오데스까?

   正装が 必要ですか

1. **I am hungry.**

   나는 배가 고픕니다.

2. **I would like something to eat.**

   뭘 좀 먹고 싶습니다.

3. **I am thirsty.**

   나는 목이 마릅니다.

4. **I would like to have someting to drink.**

   뭘 좀 마시고 싶습니다.

5. **Is there a restaurant near here?**

   이 근처에 레스토랑이 있습니까?

6. **Is there a restaurant open now?**

   지금 영업하고 있는 레스토랑이 있습니까?

7. **Would you care to have dinner with me?**

   저녁식사를 함께 하시겠습니까?

8. **I will treat you.**

   제가 대접하겠습니다.

9. **Is it necessary to wear formal dress?**

   정장을 입어야 합니까?

10. 네꾸따이가　이리마스까?

    ネクタイが　いりますか

11. 고도모즈레데스가　가마이마셍까?

    子供連れですが　かまいませんか

12. 이랏샤이마세.

    いらっしゃいませ

13. 도오조　오하이리구다사이.

    どうぞ　お入りください

14. 오꾸에 도오조.

    奥へ　どうぞ

15. 요야꾸오 사레마시따까?

    予約を　されましたか

16. 하이, 시마시따.

    はい、しました

17. 이이에, 시마셍데시따.

    いいえ、しませんでした

18. 이마　곤데 (스이떼) 이마스.

    今　混んで（すいて）います

19. 오마쩨　이다다께마스까?

    お待ち　いただけますか

20. 도노구라이　마따나께레바　나리마셍까?

    どのくらい　待たなければ　なりませんか

21. 오마따세　이따시마시따.

    お待たせ　いたしました

10. **Do I have to put on a tie?**

넥타이를 매야 합니까?

11. **Is it all right to bring the children?**

애들과 같이 가도 괜찮습니까?

12. **Welcome.**

어서 오십시오.

13. **Please come in.**

어서 들어오십시오.

14. **Please go inside.**

안으로 들어 가십시오.

15. **Have you made a reservation?**

예약을 하셨습니까?

16. **Yes, I have.**

예, 했습니다.

17. **No, I haven't.**

아니오, 하지 않았습니다.

18. **It is crowded (not crowded) now.**

지금 혼잡합니다.

19. **Would you mind waiting for a while?**

기다리시겠습니까?

20. **How long must I wait?**

얼마나 기다리면 됩니까?

21. **Sorry to keep you waiting.**

기다리게 해서 죄송합니다.

22. 난메 이사마데스까?

何名さまですか

23. 고닌데스.

五人です

24. 고노 테에부루와 아이떼이마스까?

この テーブルは あいていますか

25. 히또리데스가 테에부루가 아리마스까?

一人ですが テーブルが ありますか

26. 산-닌분노 자세끼오 돗떼 구다사이.

三人分の 座席を とって ください

27. 도오조 고찌라에.

どうぞ こちらへ

28. 고노 오세끼와 이까가데쇼오까?

この お席は いかがでしょうか

29. 도오조 오까께 구다사이.

どうぞ おかけ ください

30. 나니오 메시아가리마스까?

何を 召し上りますか

31. 메뉴우오 미세떼 구다사이.

メニューを 見せて ください

32. 나니까 오이시이모노오 쇼오-까이시떼 구다사이.

何か おいしいものを 紹介して ください

33. 고레와 교오노 도꾸베쯔료오리데스.

これは 今日の 特別料理です

22. **For how many, please?**

몇 분 이십니까?

23. **Five people.**

다섯 명입니다.

24. **Is this table vacant?**

이 테이블은 비어 있습니까?

25. **I am alone, is there a table for one?**

혼잔데요, 테이블이 있습니까?

26. **Please reserve a table for 3.**

세 사람의 좌석을 잡아 주세요.

27. **This way please.**

이리 들어 오십시오.

28. **How about this seat?**

이 자리는 어떠신지요?

29. **Please sit down.**

앉으십시오.

30. **What would you like to have?**

무엇을 잡수시겠습니까?

31. **Please show me the menu.**

메뉴를 보여 주세요.

32. **Please recommend some special dishes.**

무엇인가 맛있는 것을 소개해 주세요.

33. **This is today's special.**

이것은 오늘의 특별요리입니다.

34. 나니까 가루이모노가 아리마스까?

何か　軽いものが　ありますか

35. 쮸우·까료오리가 오스끼데스까?

中華料理が　お好きですか

36. 하이, 다이스끼데스

はい、だい好きです

37. 이이에, 아마리　스끼데와　아리마셍.

いいえ、あまり　好きでは　ありません

38. 데이쇼꾸오　구다사이.

定食を　ください

39. 잇뻰료오리가　호시인데스가.

一品料理が　ほしいんですが

40. 아레또　오나지모노오　구다사이.

あれと　同じものを　ください

41. 스구　데끼마스까?

すぐ　できますか

42. 나니가 하야꾸 데끼마스까?

何が　早く　できますか

43. 오쇼꾸지노마에니 노미모노와　이까가데스까?

お食事の前に　飲みものは　いかがですか

44. 나니오 오노미니　나리마스까?

何を　お飲みに　なりますか

45. 비이루오　구다사이.

ビールを　ください

34. **Do you have any snacks?**

가벼운 음식이 있습니까?

35. **Do you like Chinese food?**

중국요리를 좋아하십니까?

36. **Yes, I like it very much.**

예, 매우 좋아합니다.

37. **No, I don't particularly like it.**

아니오, 별로 좋아하지는 않습니다.

38. **Please serve me the table d'hôte.**

정식을 주십시오.

39. **I want to order a la carte.**

일품요리가 먹고 싶습니다.

40. **Please give me the same as that.**

저것과 같은 것을 주십시오.

41. **Will it be ready soon?**

곧 됩니까?

42. **What can be served quickly?**

무엇이 빨리 됩니까?

43. **Would you like to have some drinks before the meal?**

식사 하기 전에 좀 마시지 않겠습니까?

44. **What would you like to drink?**

무엇을 마시겠습니까?

45. **Give me a glass of beer, please.**

맥주를 주세요.

46. 오쯔마미오 구다사이.

おつまみを　ください

47. 나니까 고요오데스까?

何か　ご用ですか

48. 고레오 모오스꼬시 구다사이.

これを　もう少し　ください

49. 하이, 가시꼬마리마시따.

はい　かしこまりました

50. 호까니 나니까 고쥬-몽와 아리마셍까?

ほかに　何か　ご注文は　ありませんか

51. 고레와 요고레떼이마스.

これは　汚れています

52. 하이자라오 도리까에떼 구다사이.

灰皿を　取り替えて　ください

53. 고레데 요로시이데스까?

これで　よろしいですか

54. 고레와 와따시노데와 아리마셍.

これは　わたしのでは　ありません

55. 모오시와께 고자이마셍.

申しわけ　ございません

56. 스떼-끼노 야끼구아이와 이까가 이따시마쇼오-까?

ステーキの　焼き具合は　いかが　いたしましょうか

46. **Please give me some tit-bits.**

안주를 주세요.

47. **What can I do for you?**

무엇을 도와 드릴까요?

48. **Please give me some more of this.**

이것을 조금 더 주십시오.

49. **Certainly, sir (madam).**

예, 알겠읍니다.

50. **Would you like to order something else?**

그밖에 주문하실 것은 없습니까?

51. **This is dirty.**

이것은 지저분 합니다.

52. **Please change the ash-tray.**

재떨이를 바꾸어 주세요.

53. **Is this all right?**

이거면 되겠습니까?

54. **I didn't order this.**

이것은 제 것이 아닙니다.

55. **I am sorry.**

죄송하기 그지없습니다.

56. **How would you like your steak done?**

스테이크를 어떻게 구워 드릴까요?

57. 요꾸야이떼 (우에루·단니시떼) 구다사이.

よく焼いて（ウエル・ダンにして）ください

58. 미디아무니시떼　구다사이.

ミディアムにして　ください

59. 사라다와　나니오 오가께시마쇼오까?

サラダは　何を　おかけしましょうか

60. 사우잔도·아이란도오　오네가이시마스.

サウザンド・アイランドを　お願いします

61. 오스끼나노오　오또리 구다사이.

お好きなのを　お取りください

62. 모오스꼬시 이까가데스까?

もう少し　いかがですか

63. 도오조　고지유니　오또리구다사이.

どうぞ　ご自由に　お取りください

64. 모오　겟꼬오(쥬우분) 데스.

もう　結構（充分）　です

65. 데자-또와　나니가 요로시이데쇼오까?

デザートは　何が　よろしいでしょうか

66. 아이스크리이므오　오네가이시마스.

アイスクリームを　お願いします

67. 쿠다모노오 못떼기떼　구다사이.

果物を　持って来て　ください

68. 고오쟈또 고오히-또　도쩨라가요로시이데스까?

紅茶と　コーヒーと　どちらがよろしいですか

57. **Well done, please.**

잘 구운 것으로 해 주세요.

58. **Medium, please.**

반숙으로 해 주세요.

59. **What would you like with your salad?**

사라다 (야채) 에는 무엇을 곁들여 드릴까요?

60. **Please give me the "Thousand Island Dressing".**

"사우센드 아일란드"로 부탁합니다.

61. **Please take what you like.**

좋으신 것을 고르세요. (드세요)

62. **Would you like to have some more?**

좀 더 드시지요?

63. **Please help yourself.**

마음껏 드십시오.

64 **I have had enough.**

이제 괜찮습니다.   (충분)

65. **What would you like to have for dessert?**

디저트는 무엇을 드릴까요?

66. **Please give me an ice-cream for dessert.**

"아이스크림"을 주세요.

67. **Please bring me some fruits.**

과일을 가져다 주십시오.

68. **Which do you prefer, tea or coffee?**

홍차와 커피 어느 쪽이 좋습니까?

69. 미루꾸·티이―데스까, 레몬·티이―데스까?

ミルク・ティーですか、レモン・ティーですか

70. 오아지와 이까가데스까?

お味は　いかがですか

71. 다이헨　오이시이데스.

たいへん　おいしいです

72. 죠오도　이이데스.

ちょうど　いいです

73. 아마스기마스.

甘すぎます

74. 아마이(시오가라이, 슷빠이, 니가이) 데스.

甘い（塩辛い，酸っぱい，苦い）です

75. 아마꾸아리마셍.

甘くありません

76. 아지―가 아리마셍.

味が　ありません

77. 시오―오 돗떼　구다사이.

塩を　取って　ください

78. 모오　오스미데스까?

もう　おすみですか

79 오사게시떼　요로시이데스까?

おさげして　よろしいですか

80. 오깐죠오오 오네가이시마스.

お勘定を　お願いします

69. **Tea with milk or lemon?**

밀크차로 할까요 레몬차로 할까요?

70. **How do you like it?**

맛은 어떻습니까?

71. **It is delicious.**

매우 맛이 있습니다.

72. **It is alright.**

딱 좋습니다.

73. **It is too sweet.**

너무 달군요.

74. **It is sweet (salty, sour, bitter)**

답니다.(짜다, 시다, 쓰다)

75. **It is not sweet.**

달지 않습니다.

76. **It is tasteless.**

맛이 없습니다.

77. **Please pass the salt.**

소금을 건네 주십시오.

78. **Have you finished?**

벌써 다 드셨습니까?

79. **May I take it away?**

치워(그릇을)도 되겠습니까?

80. **Please let me have the bill.**

계산을 부탁합니다.

81. 레시이또 (우께또리) 오　구다사이.

レシート（受取り）を　ください

82. 오이꾸라　데스까？

おいくら　ですか

83. 고센-엔　이따다기마스.

5,000円　いただきます

84. 사－비스료오가　후쿠마레떼이마스까？

サービス料が　含まれていますか

85. 하이, 후쿠마레떼이마스.

はい、含まれています

86. 이이에, 후쿠마레떼이마셍.

いいえ、含まれていません

87. 오쓰리와　칩쁘니　돗떼오이떼　구다사이.

おつりは　チップに　取っておいて　ください

88. 아리가또오　고자이마시따.

ありがとう　ございました

89. 마따　도오조　이랏샷떼　구다사이.

また　どうぞ　いらっしゃって　ください

90. 고노　레스또랑와　난지니　가이뗀(헤이뗀) 시마스까？

この　レストランは　何時に　開店（閉店）　しますか

91. 쥬우이찌지－니 헤이뗀이따시마스.

11時に　閉店いたします

92. 오야스미와 이쯔데스까？

お休みは　いつですか

81. **Please give me the receipt.**

영수증을 주세요. (수령증)

82. **How much is it?**

얼마입니까?

83. **Five thousand yen, please.**

5,000엔 입니다.

84. **Is the service charge included?**

서비스료가 포함되어 있습니까?

85. **Yes, it is included.**

예, 포함되어 있습니다.

86. **No, it is not included.**

아니오, 포함되지 않았습니다.

87. **Please keep the change for the tip.**

거스름 돈은 팁으로 받아두세요.

88. **Thank you very much.**

대단히 고맙습니다.

89. **Please come again.**

또 찾아주시기 바랍니다.

90. **What time does this shop open (close)?**

이 레스토랑은 몇 시에 문을 엽니까? (닫음)

91. **The shop closes at 11 o'clock.**

11시에 문을 닫습니다.

92. **Which day does the shop close?**

휴일은 언제입니까?

93. 이찌넨쥬우 무큐우데스.

一年中　無休です

94. 고찌소오사마데시따.

ご馳走さまでした

95. 도오 - 이따시마시떼, 오소마쯔사마데시따. (쇼오따이시따히또가)

どう　いたしまして、お粗末さまでした　（招待した人が）

93. **It is open throughout the year.**

연중무휴입니다.

94. **Thank you for your hospitality.**

잘 먹었습니다.

95. **Don't mention it, it was merely simple fare. (to the guest whom you invited)**

천만에요, 변변치 않았습니다.(초대한 사람이)

■ Yōgo (Vocabulary) 用語

食事	쇼꾸지	식사	meals
ご馳走する	고쩨소오 스루	대접하다	treat
正装	세이소오	정장	formal dress
混む	고무	혼잡	crowded
すく	스꾸	비다	empty
自慢料理	지만료오리	자랑요리	special delicious dishes
特別料理	도꾸베쯔 료오리	특별요리	special dishes
中華料理	쮸우까 료오리	중화요리	Chinese food
定食	데이쇼꾸	정식	table d'hote (fixed menu)
一品料理	잇삔 료오리	일품요리	a la carte
注文する	쥬-몬 스루	주문하다	order
おつまみ	오쯔마미	간단한 안주	tidbit
きれいだ	기레이다	깨끗하다	clean
灰皿	하이자라	재떨이	ash-tray
取り替える	도리까에루	바꾸다	change for another
焼き具合	야끼구아이	굽는 정도	how do you like your steak?
ウエル・ダン	웨르・단	잘 구워진	well-done
ミディアム	미디아므	반숙	medium
レア	레아	덜 구운	rare
果物	쿠다모노	과일	fruit
紅茶	고오챠	홍차	tea (Ceylon)
コーヒー	고오히	커피	coffee
味	아지	맛	taste
おいしい	오이시이	맛있는	delicious
甘い	아마이	단	sweet
塩辛い	시오가라이	짠	salty
酸っぱい	슷빠이	신	sour
苦い	니가이	시큼한	bitter
領収書	료오슈우쇼오	영수증	receipt
経営	케이에이	경영	management

開店	가이뗑	개점	opening a store
閉店	헤이뗑	폐점	closing a store
無休	무큐우	무휴	no holiday
粗末	소마쯔	초라한	light meal
西洋料理	세이요오료오리	서양요리	western food
日本料理	니혼 료오리	일본요리	Japanese food
朝ご飯	아사고항	아침밥	breakfast
昼ご飯	히루고항	점심밥	lunch
晩ご飯	방고항	저녁밥	dinner
ご飯	고항	밥	boiled rice
（お）米	（오）코메	쌀	rice
うどん	우동	우동	wheat noodles
そば	소바	메밀국수	buckwheat noodles
パン	빵	빵	bread
肉	니꾸	고기	meat
牛肉	규우니꾸	쇠고기	beef
豚肉	부따니꾸	돼지고기	pork
鶏の肉	또리노니꾸	닭고기	chicken meat
羊の肉	히쓰지노니꾸	양고기	mutton
あひる	아히루	오리	duck
七面鳥	시찌멘쬬오	칠면조	turkey
魚	사까나	생선	fish
かき	까끼	굴	oyster
小蝦	고에비	작은새우	shrimp
車蝦	구루마에비	새우	prawn
伊勢蝦	이세에비	바다가재	lobster
蟹	카니	게	crab
たこ	타꼬	낙지	octopus
いか	이까	오징어	cuttle fish
鱈（たら）	다라	대구	codfish
鮭（さけ）	사께	연어	salmon
鮪（まぐろ）	마구로	참치	tuna
鰯（いわし）	이와시	정어리	sardine
鯉（こい）	고이	잉어	carp

鮑（あわび）	아와비	전복	abalone
酢の物	스노모노	회나 채소를 식초에 무친 요리	a vinegared dish
漬物	쓰케모노	절인 채소반찬	pickl
デザート	데자－또	디저트	dessert
レモン	레몬	레몬	lemon
ミルク	미루꾸	우유	milk
砂糖	사또오	설탕	sugar
トースト	토오스또	토스트	toast
バター	바따－	버터	butter
ジャム	쟈무	잼	jam
カクテル	카꾸떼루	칵테일	cocktail
ビール	비－루	맥주	beer
日本酒	니혼슈	청주	refined rice wine
ウイスキー	우이스끼－	위스키	whisky
ぶどう酒	부도오사께	포도주	wine
中国の酒	츄우꼬꾸노사께	중국술	Chinese wine
野菜	야사이	채소	vegetables
大根	다이꽁	무우	radish
人参	닌징	인삼	carrot
馬鈴薯	바레이쇼	감자	potato
薩摩芋	사쓰마이모	고구마	sweet potato
豆	마메	콩	beans
キューリ	규우리	오이	cucumber
椎茸	타께	싸리버섯	mushroom
玉葱	다마네기	양파	onion
長葱	나가네기	파	spring onion
もやし	모야시	콩나물	bean sprout
なすび	나스비	가지	eggplant
トマト	토마또	도마도	tomato
ほうれん草	호오렌소오	시금치	spinach
白菜	하꾸사이	배추	Chinese cabbage
セロリ	세로리이	샐러리	celery
筍（竹の子）	타께노꼬	죽순	bamboo shoot
キャベツ	캬베쓰	양배추	cabbage
西瓜	스이까	수박	watermelon

ぶどう	부도오	포도	grapes
メロン	메론	멜론	melon
栗	쿠리	밤	chestnut

Lesson 5

KAIMONO(SHOPPING)
買物(물건사기)

1. 쇼오뗑가이와 도찌라데스까?

   商店街は どちらですか

2. 랴꾸즈-오 가이떼 구다사이.

   略図を かいて ください

3. 이랏샤이마세.

   いらっしゃいませ

4. 나니오 사시아게마쇼오까?

   何を さし上げましょうか

5. 나니오 오사가시데스까?

   何を お探しですか

6. 쫏또   미세떼 구다사이.

   ちょっと 見せて ください

7. 도오조 고엔료나꾸 고랑구다사이.

   どうぞ ご遠慮なく ご覧ください

8. 소노 도께이오 미세떼 구다사이.

   その 時計を 見せて ください

9. 호오세끼가 가이따인데스가.

   宝石が 買いたいんですが

1. **Where is the main shopping district?**

   상점가는 어느 쪽입니까?

2. **Please sketch a map for me.**

   약도를 그려 주세요.

3. **Welcome.**

   어서 오십시오.

4. **What can I offer you?**

   무엇을 드릴까요?

5. **What are you looking for?**

   무엇을 찾으십니까?

6. **Just show me around, please.**

   좀 보여 주세요.

7. **Please look around at your leisure.**

   염려 말고 보십시오.

8. **Please show me that watch.**

   그 시계를 좀 보여 주세요.

9. **I want to buy jewels.**

   보석을 사고 싶은데요.

10. 카메라오 웃떼이마스까?

    カメラを　売っていますか

11. 하이, 이로이로　고자이마스.

    はい、いろいろ　ございます

12. 오하나와 도꼬데　가에마스까?

    お花は　どこで　買えますか

13. 산가이데 가에마스.

    三階で　買えます

14. 후진후꾸우리바와 도꼬니아리마스까?

    婦人服売場は　どこにありますか

15. 욘까이니 아리마스.

    四階に　あります

16. 시차꾸시쓰와 도꼬데스까?

    試着室は　どこですか

17. 나오시떼　모라에마스까?

    なおして　もらえますか

18. 이쓰　데끼마스까?

    いつ　できますか

19. 이찌니찌 가까리마스.

    一日　かかります

20. 고레와　이까가데스까?

    これは　いかがですか

21. 요꾸　오니아이데스.

    よく　お似合いです

10. **Do you sell cameras?**

카메라를 팝니까?

11. **Yes, we have various kinds.**

네, 여러가지 있습니다.

12. **Where can I buy flowers?**

꽃은 어디에서 팝니까?

13. **You can buy them on the second floor.**

3층에서 살 수 있습니다.

14. **Where is the lady's wear department?**

부인복매장은 어디에 있습니까?

15. **It is on the third floor.**

4층에 있습니다.

16. **Where is the fitting room?**

시착실은 어디입니까?

17. **May I have it altered?**

고쳐 주실 수 있습니까?

18. **When will it be ready?**

언제 됩니까?

19. **It takes one day.**

하루 걸립니다.

20. **How about this one?**

이것은 어떻습니까?

21. **It suits you very well.**

잘 어울리십니다.

22. 고레와   기니이리마셍.

    これは   気に入りません

23. 고레와   하데 (지미) 데스.

    これは   派手（地味）   です

24. 고노이로와 와따시니   아이마셍.

    この色は   わたしに   あいません

25. 못또   아까루이이로가   스끼데스.

    もっと   明るい色が   好きです

26. 못또   이이노가   아리마셍 까?

    もっと   いいのが   ありませんか

27. 모오스꼬시 오오끼이(찌이사이)노-오   구다사이.

    もう少し   大きい（小さい）のを   ください

28. 고레와   다까스기마스.

    これは   高すぎます

29. 요상가   다리마셍.

    予算が   足りません

30. 못또   야스이노오 구다사이.

    もっと   安いのを   ください

31. 스꼬시 마께떼   구다사이.

    少し   まけて   ください

32. 모오시와께 고자이마셍 가.   데이까도오리데 고자이마스.

    申しわけ   ございませんが   定価どうりで   ございます

33. 가께네와 시떼이마셍.

    掛値は   していません

22. **I do not like this.**

이것은 마음에 들지 않습니다.

23. **This is gaudy (too plain).**

이것은 화려(수수)합니다.

24. **This colour doesn't suit me.**

이 색은 나에게 맞지 않습니다.

25. **I like a brighter colour.**

더 밝은 색이 좋은데요.

26. **Do you have a better one?**

더 좋은 것이 없습니까?

27. **Give me a bigger (smaller) one, please.**

더 큰 것(작은것)을 주십시오.

28. **This is too expensive.**

이것은 너무 비쌉니다.

29. **I do not have enough money.**

예산이 부족합니다.

30. **Please give me a cheaper one.**

더욱 싼 것을 주십시오.

31. **Could you reduce the price a little?**

좀 깎아 주세요.

32. **I am sorry but the price is fixed.**

송구스럽습니다만, 정가대로입니다.

33. **We never over-charge.**

깎아 드리지 않습니다.

34. 쥬-빠-센또   오히끼   이따시마스.

10パーセント お引き いたします

35. 고레와   고와레떼이마스.

これは こわれています

36. 도리까에떼   구다사이.

取り替えて ください

37. 고레또   오나지요오나모노오   웃떼이마스까?

これと 同じようなものを 売っていますか

38. 아이니꾸   이마   시나기레데스.

あいにく 今 品切れです

39. 고노자이시쯔와   난데스까?

この材質は 何ですか

40. 소레와   와니가와데스.

それは ワニ皮です

41. 고레와   도꼬세이데스까?

これは どこ製ですか

42. 소레와   이따리아 (닙뽄) 세이 데스.

それは イタリア（日本）製 です

43. 고레와   사이신가따 (아따라시이데자인) 데스.

これは 最新型（新しいデザイン） です

44. 고레와   이마   파리 (닙뽄) 데   류우꼬오시떼이마스.

これは 今 パリ（日本）で 流行しています

45. 고레와   이찌넹깐노   호쇼오쯔기데스.

これは 一年間の 保証付きです

34. **I can give you 10 per cent discount.**

10% 할인하겠습니다.

35. **This is broken.**

이것은 부서졌습니다.

36. **Please exchange it.**

바꿔 주세요.

37. **Do you sell something like this?**

이것과 똑같은 것을 팔고 있습니까?

38. **Unfortunately it is out of stock now.**

공교롭게도 지금 품절입니다.

39. **What is this made of (made from)?**

이것은 무엇으로 만들었습니까?

40. **It is made of crocodile skin.**

그것은 악어 가죽입니다.

41. **Where was this made?**

이것은 어디 제품입니까?

42. **It was made in Italy (Japan).**

그것은 이태리(일본)제 입니다.

43. **This is the latest design.**

이것은 최신형(새로운 디자인)입니다.

44. **This is now in fashion in Paris (Japan).**

이것은 지금 파리(일본)에서 유행하고 있습니다.

45. **This is guaranteed for one year.**

이것은 1년간 보증해 드립니다.

46. 마따　기마스.

    また　来ます

47. 고레오　구다사이.

    これを　ください

48. 고노　에하가끼와　이꾸라데스까?

    この　絵はがきは　いくらですか

49. 이찌마이 욘쥬우엔데스.

    一枚　40円です

50. 민나－데　(젬부데)　오이꾸라데스까?

    みんなで（全部で）　おいくらですか

51. 이찌망엔　이따다끼마스.

    1万円　いただきます

52. 하꼬다이오 삼뱌꾸엔 이따다끼마스.

    箱代を　300円　いただきます

53. 도꼬데　시하라운데스까?

    どこで　支払うんですか

54. 도오조　무꼬오노　카운따－데　오하라이구다사이.

    どうぞ　向こうの　カウンターで　お払いください

55. 도라베라－즈・체꾸가　쯔가에마스까?

    トラベラーズ・チェックが　使えますか

56. 파스뽀오또오　오미세구다사이.

    パスポートを　お見せください

57. 쇼오쇼오 오마찌 구다사이.

    少々　お待ちください

46. **I will come again.**

또 오겠습니다.

47. **Please give me this.**

이것을 주십시오.

48. **How much are the picture post-cards?**

이 그림엽서는 얼맙니까?

49. **They are forty yen each.**

한 장에 40엔입니다.

50. **How much is it altogether?**

모두(전부 합쳐서) 얼마입니까?

51. **Ten thousand yen, please.**

1만엔 입니다.

52. **Please pay three hundred yen for the box.**

상자대를 300엔 받겠습니다.

53. **Where do I pay?**

어디에서 계산합니까?

54. **Please pay at the counter over there.**

저쪽 카운터에서 지불하십시오.

55. **Can I use traveller's cheques?**

여행자 수표를 사용할 수 있습니까?

56. **Please show me your passport.**

여권을 보여 주십시오.

57. **Just a moment, please.**

잠깐 기다려 주십시오.

58. 오쯔리데　고자이마스.

おつりで　ございます

59. 오쯔리가　마쩨갓떼이마스.

おつりが　間違っています

60. 모오이쩨도　시라베떼　구다사이.

もう一度　調べて　ください

61. 시쯔레이　이따시마시따.

失礼　いたしました

62. 고노시나와　멘제이힌데스.

この品は　免税品です

63. 고레오　기레이니　쯔쯘데　구다사이.

これを　きれいに　包んで　ください

64. 고레오　호떼루니　도또께떼　구다사이.

これを　ホテルに　届けて　ください

65. 하이다쯔료오또시떼　삼뱌꾸엔　이따다기마스.

配達料として　300円　いただきます

66. 요코하마니　오꿋떼　모라에마스까?

横浜に　送って　もらえますか

67. 우께또리닝노　오나마에또　쥬우쇼-오　오카끼구다사이.

受け取り人の　お名前と　住所を　お書きください

58. **This is your change.**

    거스름돈입니다.

59. **You have made a mistake in the change.**

    거스름 돈이 잘못 되었습니다.

60. **Please check once more.**

    다시 한번 세어 보십시오.

61. **I am sorry.**

    실례했습니다.

62. **This is a tax-free article.**

    이 물건은 면세품입니다.

63. **Please wrap this up nicely.**

    이것을 예쁘게 싸 주세요.

64. **Please send this to the hotel.**

    이것을 호텔에 배달해 주십시오.

65. **We shall charge three hundred yen for the delivery fee.**

    배달료로 해서 300엔 받겠습니다.

66. **Can you send this to Yokohama?**

    요꼬하마에 보내 주시겠습니까?

67. **Please write down the name and address of the recipient.**

    수취인의 이름과 주소를 써 주세요.

■ Yōgo (Vocabulary) 用語

買物	카이모노	쇼핑	shopping
商店街	쇼오뗑가이	상점가	shopping street
略図	랴꾸즈	약도	sketch map
時計	도께이	시계	watch
婦人服売場	후징후꾸우리바	부인복매장	lady's wear counter
調整する	쵸오세이스루	조정하다	alter
派手	하데	화려한 모양	showy, bright
地味	지미	검소한	plain, simple
高すぎる	다까스기루	너무 비싼	too expensive
安い	야스이	싼	cheap
定価	데이까	정가	fixed price
掛値	가께네	애누리 한 값	over-charged
品切れ	시나기레	품절	out of stock
（絵）はがき	에하가끼	(그림)엽서	(picture) postcard
花瓶	하나빈	꽃병	vase
材料	자이료오	재료	material
革製	가와세이	가죽제품	leather products
どこ製	도꼬세이	어디의 제품	where is it made?
イタリア製	이따리아세이	이태리제	made in Italy
最新型	사이신가따	최신형	latest design
流行	류우꼬오	유행	in fashion
保証付	호쇼오쯔기	보증함	guarantee
計算	카이산	계산	calculation
配達料	하이다쯔료오	배달료	delivery charge
値段	네단	값	price
お金	오까네	돈	money
店員	텡잉	점원	shop clerk
デパート	데파ー토	백화점	department store
みやげ物店	미야게 모노텐	기념품상점	souvenir shop
みやげ品	미야게힌	기념품	souvenir (gift)
免税店	멘세이텡	면세점	tax-free shop
たばこ	다바꼬	담배	cigarette
葉巻き	하마끼	잎담배	leaf tobacco

パイプ用たばこ	파이푸요오 타바꼬	파이프용 담배	pipe tobacco
ライター	라이따-	라이터	lighter
シガレット・ケース	시가렛토·케스	담배 케이스	cigarette case
酒類	사께루이	술종류	alcoholic drinks
指輪	유비와	반지	ring
ネックレス	넥꾸레스	목걸이	necklace
ブローチ	브롯쩨	브로치	brooch
イヤリング	이야링구	귀걸이	ear-rings
アクセサリー	아꾸세사리-	액세서리	accessories
ダイヤモンド	다이아몬도	다이아몬드	diamond
翡翠（ひすい）	히스이	비취	jade
珊瑚（さんご）	산고	산호	coral
水晶	스이쇼오	수정	crystal
洋服屋	요오후꾸야	양복점	tailor's shop
洋服	요오후꾸	양복	dress
下着	시따기	속옷	underwear
手袋	데부꾸로	장갑	gloves
靴下	구쓰시따	양말	socks
靴	구쓰	구두	shoes
帽子	보오시	모자	hat
傘	카사	우산	umbrella
ハンカチ	항까찌	손수건	handkerchief
絹	기누	명주, 비단	silk
木綿	모멘	솜, 면직물	cotton
ネクタイ	네꾸따이	넥타이	necktie
ネクタイピン	네꾸따이삥	넥타이 핀	necktie pin
カフス・ボタン	카후스보당	커프스 단추	cuff link
民芸品	민게이힌	민예품	local handicraft article
骨とう品	콧토오힌	골동품	antiques
象牙	조오게	상아	ivory
毛皮	케가와	모피	fur
化粧品	케쇼오힌	화장품	cosmetics
鼻紙	하나카미	휴지	tissue paper
鏡	카가미	거울	mirror

くし	구시	빗	comb
かみそり	카미소리	면도	razor
ハンドバック	한도박구	핸드백	handbag
財布	사이후	지갑	purse
万年筆	만넹히쓰	만년필	fountain pen
めがね屋	메가네야	안경점	optician
めがね	메가네	안경	spectacles
サングラス	상구라스	선글라스	sun glasses
べっこう細工	벡코오자이꾸	별갑	tortoise shell work
8ミリ撮影機	하찌미리 사쓰에이끼	8미리 촬영기	8 mm. projector
双眼鏡	소오간쿄오	쌍안경	binoculars
フィルム	후이루무	필름	film

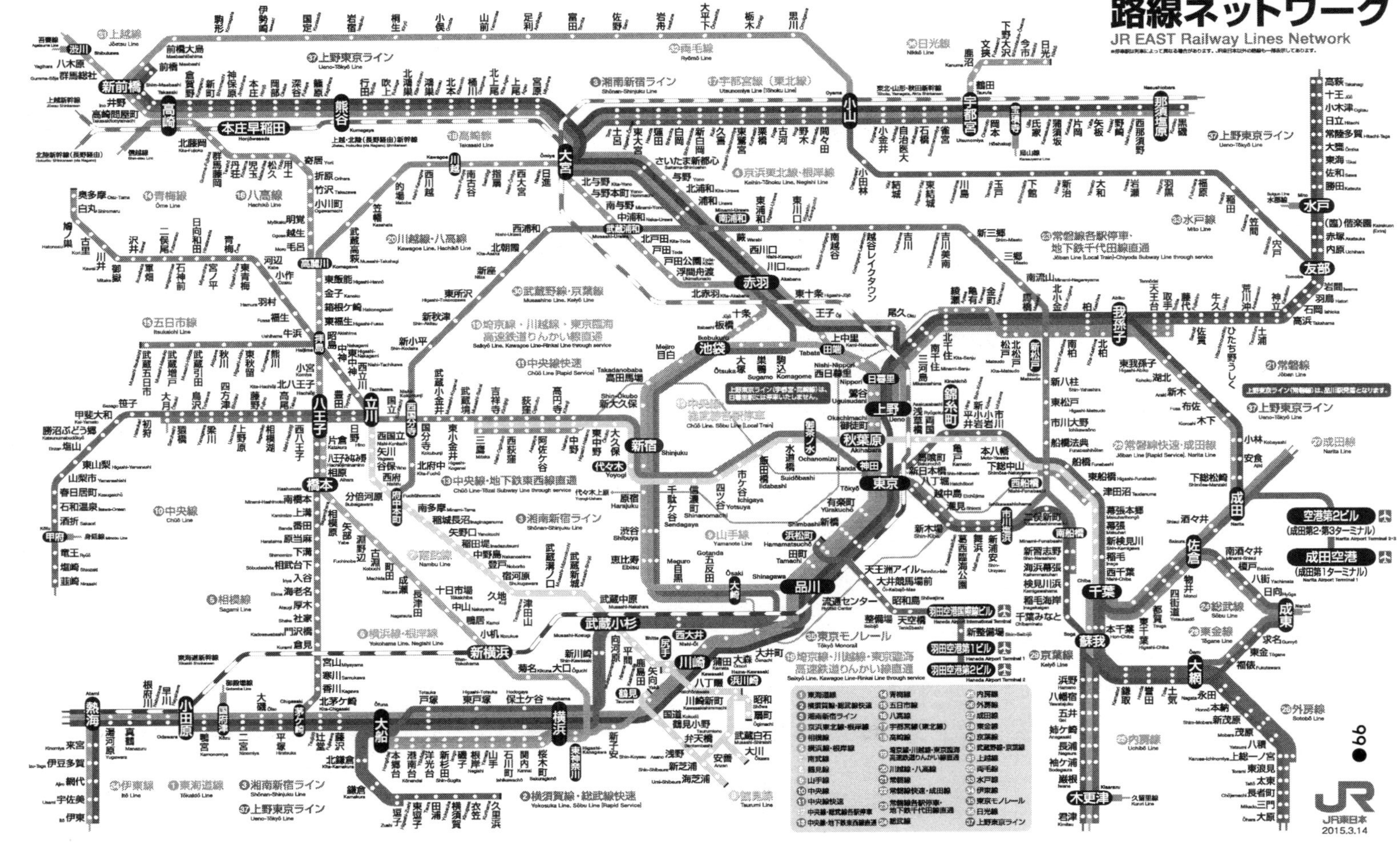
路線ネットワーク
JR EAST Railway Lines Network

①上越線 Jōetsu Line
②両毛線 Ryōmō Line
③湘南新宿ライン Shōnan-Shinjuku Line
④上野東京ライン Ueno-Tōkyō Line
⑤湘南新宿ライン Shōnan-Shinjuku Line
⑥宇都宮線（東北線）Utsunomiya Line [Tōhoku Line]
⑦日光線 Nikkō Line
⑧高崎線 Takasaki Line
⑨川越線・八高線 Kawagoe Line, Hachikō Line
⑩青梅線 Ōme Line
⑪五日市線 Itsukaichi Line
⑫八高線 Hachikō Line
⑬京浜東北線・根岸線 Keihin-Tōhoku Line, Negishi Line
⑭埼京線・川越線・東京臨海高速鉄道りんかい線直通 Saikyō Line, Kawagoe Line-Rinkai Line through service
⑮武蔵野線・京葉線 Musashino Line, Keiyō Line
⑯中央線快速 Chūō Line [Rapid Service]
⑰中央線・総武線各駅停車 Chūō Line, Sōbu Line [Local Train]
⑱中央線・地下鉄東西線直通 Chūō Line-Tōzai Subway Line through service
⑲南武線 Nambu Line
⑳横浜線・根岸線 Yokohama Line, Negishi Line
㉑相模線 Sagami Line
㉒横須賀線・総武線快速 Yokosuka Line, Sōbu Line [Rapid Service]
㉓常磐線 Jōban Line
㉔常磐線各駅停車・地下鉄千代田線直通 Jōban Line [Local Train]-Chiyoda Subway Line through service
㉕常磐線快速・成田線 Jōban Line [Rapid Service], Narita Line
㉖内房線 Uchibō Line
㉗外房線 Sotobō Line
㉘東金線 Tōgane Line
㉙京葉線 Keiyō Line
㉚武蔵野線・京葉線 Musashino Line, Keiyō Line
㉛水戸線 Mito Line
㉜成田線 Narita Line
㉝山手線 Yamanote Line
㉞中央線 Chūō Line
㉟中央線快速 Chūō Line [Rapid Service]
㊱総武線 Sōbu Line
㊲上野東京ライン Ueno-Tōkyō Line
東海道線 Tōkaidō Line
伊東線 Itō Line
東北・山形・秋田新幹線 Tōhoku, Yamagata, Akita Shinkansen
上越新幹線 Jōetsu Shinkansen
北陸新幹線（長野経由）Hokuriku Shinkansen (via Nagano)
東京モノレール Tōkyō Monorail
空港第2ビル（成田第2・第3ターミナル）Narita Airport Terminal 2·3
成田空港（成田第1ターミナル）Narita Airport Terminal 1
羽田空港第1ビル Haneda Airport Terminal 1
羽田空港第2ビル Haneda Airport Terminal 2
JR東日本
2015.3.14
99

Lesson 6

GINKŌ (THE BANK)

銀行(은행)

1. 도-쿄-깅꼬오와 도꼬니 아리마스까?

   東京銀行は どこに ありますか

2. 난지니 아끼 (시마리) 마스까?

   何時に 開き（閉り） ますか

3. 에이교오-지깡와 쥬우지까라 산지 마데-데스.

   営業時間は 10時から 3時までです

4. 고노고깃떼오 겡낀니 가에떼 구다사이.

   この小切手を 現金に かえて ください

5. 료-가에와 도노마도구찌데스까?

   両替は どの窓口ですか

6. 료-가에오시떼 구다사이.

   両替をして ください

7. 고제니모 마제떼 구다사이.

   小銭も 混ぜて ください

8. 고레오 고마까꾸시떼 구다사이.

   これを 細かくして ください

9. 도라베라-즈·체꾸오 겡낀니시떼 구다사이.

   トラベラーズ・チェックを 現金にして ください

1. **Where is the Bank of Tokyo?**

   동경은행은 어디에 있습니까?

2. **What time does the bank open (close)?**

   몇 시에 개점합니까? (닫힘)

3. **The office hours are from 10 a.m. to 3 p.m.**

   영업시간은 10시부터 3시까지입니다.

4. **Please cash this cheque.**

   이 수표를 현금으로 바꿔 주십시오.

5. **Which window is for foreign exchange?**

   환전은 어느 창구에서 합니까?

6. **Please change this money for me.**

   환전을 해 주세요.

7. **Please include some small change.**

   잔돈도 섞어 주세요.

8. **Please give me some small change.**

   이것을 작은 돈으로 바꾸어 주세요.

9. **Please cash this traveller's cheque.**

   여행자 수표를 현금으로 바꾸어 주세요.

10. 닙뽕엔오　도루니가에떼　구다사이.

日本円を　ドルにかえて　ください

11. 교오-노 레-또와　이꾸라데스까?

今日の　レートは　いくらですか

12. 교오-노 가와세레-또와　니햐꾸-엔데스.

今日の　為替レートは　200円です

13. 도노　요오시니 기뉴우시마스까?

どの　用紙に　記入しますか

14. 고노　요오시니 가끼이레떼　구다사이.

この　用紙に　書き入れて　ください

15. 고꼬니　사인-시떼　구다사이.

ここに　サインして　ください

16. 고레가　아나따노　방고오-데스.

これが　あなたの　番号です

17. 욘반-노 마도구찌에　오이데　구다사이.

4番の　窓口へ　おいで　ください

18. 아찌라데　고시가께떼 오마찌　구다사이.

あちらで　腰かけて　お待ち　ください

10. **Please change these Japanese yen to dollars.**

    일본돈을 달러로 바꾸어 주세요.

11. **What is the exchange rate for today?**

    오늘의 환율은 얼마지요?

12. **Today's exchange rate is two hundred yen.**

    오늘의 환율은 200엔입니다.

13. **Which form should I fill in?**

    어느 용지에 기입합니까?

14. **Please fill in this form.**

    이 용지에 써 주십시오.

15. **Please sign here.**

    여기에 사인해 주십시오.

16. **This is your number.**

    이것이 당신의 번호입니다.

17. **Please go to window No. 4.**

    4번 창구로 가십시오.

18. **Please take a seat and wait.**

    저기에서 앉아 기다려 주세요.

■ Yōgo (Vocabulary) 用語

銀行	깅꼬오	은행	bank
営業時間	에이교오 – 지깡	영업시간	business hours
用紙	요오시	용지	form
記入する	기뉴우스루	기입하다	fill in
窓口	마도구쩨	창구	window
小切手	고깃떼	수표	cheque
為替レート	가와세 레 – 또	환율	exchange rate
為替	가와세	환	money order
公認両替商	코닌 료오가에쇼오	공인환전상	authorized money changer
外貨交換証明書	가이까고오칸 쇼 – 메이쇼	외화교환증명서	foreign currency exchange certificate
硬貨	코 – 까	경화, 동전	coin
紙幣	시헤이	지폐	note
本店	혼뗀	본점	main shop
支店	시뗀	지점	branch shop
パーソナル・チェック	파 – 소나루・체꾸	개인수표	personal cheque
トラベラーズ・チェック	도라베라 – 즈・체꾸	여행자수표	traveller's cheque

<table>
<tr><td>Lesson
7</td><td>TSŪSHIN (CORRESPONDENCE)
通信(통신)</td></tr>
</table>

1) Yubin （郵便）

1. 유−빙꾜꾸와 도꼬니 아리마스까?

郵便局は　どこに　ありますか

2. 포스또가 지까꾸니 아리마스까?

ポストが　近くに　ありますか

3. 고꼬데 깃떼가 가에마스까?

ここで　切手が　買えますか

4. 고쥬−엔깃떼오 고마이 구다사이.

50円切手を　5枚　ください

5. 돈나 슈루이노 기넨깃떼가 아리마스까?

どんな　種類の　記念切手が　ありますか

6. 에하가끼오 다시따인데스가.

絵葉書を　出したいんですが

7. 고오꾸우쇼깡와 이꾸라 데스까?

航空書簡は　いくら　ですか

8. 고노 데가미와 이꾸라 데스까?

この　手紙は　いくら　ですか

1. Where is the post office?

    우체국은 어디에 **있습니까**?

2. Is there a post box near here?

    우체통이 근처에 **있습니까**?

3. Can I buy stamps here?

    여기서 우표를 살 수 있습니까?

4. Please give me five fifty yen stamps.

    50엔짜리 우표를 다섯 장 주십시오.

5. What type of memorial stamps do you have?

    어떤 종류의 기념우표가 있습니까?

6. I would like to send a post card.

    그림엽서를 부치고 싶은데요.

7. How much is an aerogramme?

    항공편지는 얼마입니까?

8. How much is the postage for this letter?

    이 편지의 우표는 얼마입니까?

9. 쥬우-구라무 이까데시따라　햐꾸산쥬-엔데스.

10グラム　以下でしたら　130円です

10. 고노　데가미오　고오꾸우빈(후나빈)데　오네 가이 시 마스.

この　手紙を　航空便（船便）で　お願いします

11. 고노　데가미오　소꾸다쯔(가끼또메)데 오네가이시마스.

この　手紙を　速達（書留）で　お願いします

12. 아떼나노 가끼까따와　고 레데　이 이데스까?

宛名の　書き方は　これで　いいですか

13. 아메리까마데　난니쩨구라이 가까리마스까?

アメリカまで　何日ぐらい　かかりますか

14. 야꾸 잇슈-깐데스.

約　一週間です

15. 소꾸다쯔데시따라 믹까깐데스.

速達でしたら　3日間です

16. 고노 고즈쯔미오　카나다에　오꾸리따이노데스가.

この　小包を　カナダへ　送りたいのですが

17. 고즈쯔미노나까니 나니가 하잇떼이마스까?

小包の中に　何が　入っていますか

18. 닝교-또 만넹히쯔데스.

人形と　万年筆です

19. 제이깐노싱고꾸쇼니 기뉴우시떼 구다사이.

税関の申告書に　記入して　ください

20. 나까미노가까꾸오 가이떼 구다사이.

中味の価格を　書いて　ください

9. **Below ten grams the postage is one hundred and thirty yen.**

10g 이하는 130엔입니다.

10. **Please send this letter by air (sea) mail.**

이 편지를 항공편(선편)으로 부탁합니다.

11. **Please send this letter by express (registered) mail.**

이 편지를 속달(등기)로 부탁합니다.

12. **Is this the correct way of addressing?**

보낼 곳은 이렇게 쓰면 되겠습니까?

13. **How long will it take to reach America?**

미국까지 며칠 정도 걸립니까?

14. **It takes about one week.**

약 1주일간입니다.

15. **It will take three days if it is sent by express mail.**

속달이면 3일간 걸립니다.

16. **I want to send this parcel to Canada.**

이 소포를 캐나다에 보내고 싶은데요.

17. **What is inside the parcel?**

소포 속에 무엇이 들어 있습니까?

18. **A doll and a fountain pen.**

인형과 만년필입니다.

19. **Please fill in the customs declaration.**

세관의 신고서에 기입해 주세요.

20. **Please indicate the value of the contents.**

내용물의 가격을 써 주세요.

21. 인사쯔부쯔데시따라 가이후니시떼 구다사이.

印刷物でしたら　開封にして　ください

2) Denwa　（電話）

22. 뎅와오　가시떼　구다사이.

電話を　貸して　ください

23. 도오조　고엔료나꾸　오쯔까이구다사이.

どうぞ　ご遠慮なく　お使いください

24. 소노　뎅와와　쓰까에마셍.

その　電話は　使えません

25. 이마　고쇼오쮸데스.

今　故障中です

26. 고-슈-뎅와와 도꼬니 아리마스까?

公衆電話は　どこに　ありますか

27. 이마 고-슈-뎅와까라 가께떼이마스.

今　公衆電話から　かけています

28. 모시모시 다나까산　데스까?

もしもし　田中さん　ですか

29. 하이, 소오데스　도나따데스까?

はい、そうです　どなたですか

30. 고찌라와　리또　모오시마스.

こちらは　李と　申します

31. 다레또 오하나시니 나리따이노데스까?

誰と　お話に　なりたいのですか

21. If it is printed matter, please leave it unsealed.

인쇄물이면 개봉해 주세요.

2) Telephone   (전화)

22. May I use your telephone?

전화를 사용해도 됩니까?

23. Sure, go ahead.

네 염려마시고 쓰십시오.

24. That telephone cannot be used.

그 전화는 쓸 수 없습니다.

25. It is out of order now.

지금 고장 중입니다.

26. Where is the public telephone?

공중전화는 어디에 있습니까?

27. I am calling from the public telephone now.

지금 공중전화에서 걸고 있습니다.

28. Hello! Are you Mr. Tanaka?

여보세요, 다나까씨 입니까?

29. Yes, I am. Who's speaking?

예, 그렇습니다. 누구십니까?

30. I am Mr. (Mrs., Miss) Lee.

저는 李라고 합니다.

31. To whom do you wish to speak?

누구를 바꿔 드릴까요?

32. 다나까상오　오네가이시마스.

田中さんを　お願いします

33. 소노마마데　오마쩨　구다사이.

そのままで　お待ち　ください

34. 오마따세　이따시마시따.　고쩨라와　다나까데스.

お待たせ　いたしました。こちらは　田中です

35. 다다이마　가까리－노－모노또　가와리마스.

ただいま　係りのものと　かわります

36. 다나까와　가이슈쯔(슛쪼오, 가이기)　쮸우데스.

田中は　外出（出張、会議）中です

37. 다나까와　쫏도　세끼오　하즈시떼오리마스.

田中は　ちょっと　席を　はずしております

38. 다나까와　규우까오　돗떼오리마스.

田中は　休暇を　取っております

39. 다나까와　이마　데가　하나세마셍.

田中は　今　手が　はなせません

40. 다나까와　호까노　뎅와데　하나시쮸－데스.

田中は　ほかの電話で　話し中です

41. 슈진와　데까께떼오리마스.

主人は　出かけております

42. 이쯔　오까에리니　나리마스까?

いつ　お帰りに　なりますか

32. **Mr. Tanaka please.**

다나까세를 부탁합니다.

33. **Please hold on for a moment.**

그대로 잠깐 기다려 주십시오.

34. **Sorry for keeping you waiting. I am Mr. (Mrs., Miss) Tanaka.**

기다리게 해서 미안합니다. 제가 다나까입니다.

35. **I shall connect you with the person in charge.**

지금 담당자를 바꾸어 드리겠습니다.

36. **Mr. Tanaka has gone out (is on a business trip, is attending a meeting).**

다나까는 외출(출장, 회의) 중 입니다.

37. **Mr. Tanaka is not here at the moment.**

다나까는 잠깐 자리를 비우고 있습니다.

38. **Mr. Tanaka is on his annual leave.**

다나까는 휴가 중입니다.

39. **Mr. Tanaka is tied up at the moment.**

다나까는 지금 대단히 바쁩니다.

40. **Mr. Tanaka is engaged on another phone.**

다나까는 다른 전화로 통화 중입니다.

41. **My husband has gone out.**

주인은 외출 중입니다.

42. **When will he be coming back?**

언제 돌아오십니까?

43. 로꾸지 – 고로 가에리마스.

6時頃　帰ります

44. 로꾸지마데 가에리마셍.

6時まで　帰りません

45. 아이니꾸 이마 루스데스.

あいにく　今　留守です

46. 모오이찌도 오까께 이따시마스.

もう一度　おかけ　いたします

47. 모오이찌도 오까께 구다사이.

もう一度　おかけ　ください

48. 난지고로　가께따라　이이데스까?

何時ごろ　かけたら　いいですか

49. 곤야　와따시니　뎅와시떼　구다사이.

今夜　わたしに　電話して　ください

50. 나니까 오꼬또즈께 (뎅곤)가　아리마스까?

何か　お言付け（伝言）が　ありますか

51. 와따시니 뎅와스르요오니 오쯔따에 구다사이.

わたしに　電話するように　お伝え　ください

52. 리까라　뎅와가앗따또　오쯔따에 구다사이.

李から　電話があったと　お伝え　ください

53. 슈징와　아나따노　뎅와방고오　싯떼이마스까?

主人は　あなたの　電話番号を　知っていますか

54. 넨노따메　뎅와방고오　오시에떼　구다사이.

念のため　電話番号を　おしえて　ください

43. He will be coming back at about 6 o'clock.

6시경 돌아 오십니다.

44. He will not come back until 6 o'clock.

6시까지 못돌아 오십니다.

45. Unfortunately, he is not in now.

공교롭게 지금 안 계십니다.

46. I will telephone again.

다시 한번 전화 드리겠습니다.

47. Please ring up again.

다시 한 번 걸어 주십시오.

48. About what time will it be convenient for me to phone again?

몇 시쯤 전화 드리면 되겠습니까?

49. Please ring me up tonight.

오늘 밤 저에게 전화해 주십시오.

50. Is there any message?

무슨 전할 말씀이 있습니까?

51. Please tell him to ring me up.

저에게 전화 해 달라고 전해 주십시오.

52. Please tell him that Lee phoned.

李로부터 전화가 있었다고 전해 주십시오.

53. Does my husband know your telephone number?

남편이 당신의 전화번호를 알고 계십니까?

54. Just to make sure, please give me your telephone number.

혹시 모를지도 모르니 전화번호를 가르쳐 주세요.

55. 니-이찌-노 나나-큐-산-이찌-데스.

21 の 7931です

56. 가꾸모노오 못떼기마스.

書くものを 持って来ます

57. 쬬오도 오뎅와오 시요오또 오못떼이마시따.

ちょうど お電話を しようと 思っていました

58. 오뎅와오 아리가또오 고자이마시따.

お電話を ありがとう ございました

59. 스미마셍, 방고오-오 마찌가에마시따.

すみません、番号を 間違えました

60. 방고오-가 치가이마스요.

番号が ちがいますよ

3) Kokusai denwa （国際電話）

61. 고꼬데 고꾸사이뎅와가 가께라레마스까?

ここで 国際電話が かけられますか

62. 카나다에 쬬오꼬리뎅와오 오네가이시마스.

カナダへ 長距離電話を お願いします

63. 난반니 오까께니 나리마스까?

何番に おかけに なりますか

64. 오나마에오 옷샷떼 구다사이.

お名前を おっしゃって ください

65. 센뽀오-노오나마에또 뎅와방고오-오 오시라세 구다사이.

先方のお名前と. 電話番号を お知らせ ください

55. **It is 21-7931.**

    21국에 7931입니다.

56. **I'll bring something to write on.**

    메모지를 가져 오겠습니다.

57. **I just wanted to ring you up.**

    마침 전화하려던 참이었습니다.

58. **Thank you for calling me.**

    전화를 주셔서 감사합니다.

59. **I am sorry, it's the wrong number.**

    미안합니다. 번호가 틀렸습니다.

60. **You have got the wrong number.**

    번호가 틀린데요.

3) International telephone　(국제전화)

61. **Can I make an international call here?**

    여기에서 국제전화를 할 수 있습니까?

62. **I would like to make a trunk call to Canada.**

    캐나다에 장거리 전화를 부탁합니다.

63. **What number do you want to call?**

    몇 번에 전화하실 겁니까?

64. **Please give me your name.**

    성함을 말씀해 주세요.

65. **Please let me have the name and the telephone number.**

    상대방의 이름과 전화번호를 알려 주세요.

66. 뎅와오깃떼　오요비스르마데　오마쩨구다사이.

電話を切って　お呼びするまで　お待ちください

67. 잇쯔와　오이꾸라데스까?

一通話　おいくらですか

68. 고레꾸또・코ー루(아이데바라이)　데 오네가이시마스.

コレクト・コール（相手払い）で　お願いします

69. 스떼ー쇼나루・코ー루　데　오네가이시마스.

ステーショナル・コール　で　お願いします

70. 파ー소나루・코ー루(시메이)　데 오네가이시마스.

パーソナル・コール（指名）で　お願いします

71. 시규우데　요비다시떼　구다사이.

至急で　呼び出して　ください

72. 도레꾸라이　지깡가　가까리마스까?

どれくらい　時間が　かかりますか

73. 삭끼　모오시고오미마시따가 칸세루　시떼　구다사이.

さっき　申し込みましたが　キャンセル　して　ください

74. 셈뽀오와　오데니 나리마셍.

先方は　お出に　なりません

75. 에이고노　하나세루히또오 다시떼 구다사이.

英語の　話せる人を　出して　ください

76. 오쯔나기　이따시마스, 오하나시　구다사이.

おつなぎ　いだします、お話し　ください

66. **Please put down the phone and I will call you back.**

일단 전화를 끊고 부를때까지 기다려 주세요.

67. **What is the charge for a three-minute call?**

한 통화에 얼마입니까?

68. **I want to make a collect call.**

콜렉트 콜로 부탁합니다.

69. **I want to make a station-to-station call.**

스테이셔널 콜로 부탁합니다.

70. **I want to make a person-to-person call.**

퍼스널 콜로 부탁합니다.

71. **Please call him on an urgent basis.**

지급으로 불러 주세요.

72. **How long will it take?**

얼마쯤 시간이 걸립니까?

73. **I have booked a call just now, please cancel it.**

아까 신청했습니다만, 취소해 주십시오.

74. **There is no reply from the other side.**

상대방이 나오지 않습니다.

75. **Please call someone who can speak English.**

영어를 할 줄 아는 사람을 불러 주세요.

76. **I am putting you through. Please speak up.**

대 드리겠습니다. 말씀하십시오.

4) Denpō (電報)

77. 뎀뽀오교꾸와 도꾜데스까?

電報局は どこですか

78. 이마 뎀뽀－오 우께쯔께떼이마스까?

今 電報を 受けつけていますか

79. 오오사까에 뎀뽀－오 우찌따인데스.

大阪へ 電報を 打ちたいんです

80. 도꾜에 이께바 이이데스까?

どこへ 行けば いいですか

81. 뎀뽀오요－시오 구다사이.

電報用紙を ください

82. 고찌라니 뎀붕오 가이떼 구다사이.

こちらに 電文を 書いて ください

83. 고노 뎀뽀－오 오네가이시마스.

この 電報を お願いします

84. "시뀨우"데 오네가이시마스.

「至急」で お願いします

85. 뎀뽀오료오낑와 오이꾸라 데스까?

電報料金は おいくらですか

86. 고레와 고스－니 가조에라레마스까?

これは 語数に 数えられますか

87. 이찌지 오이꾸라 데스까?

一字 おいくら ですか

4) Telegram　(전보)

77. Where is the telegram office?

전화국은 어디입니까?

78. Can you accept a telegram now?

지금 전보를 접수하고 있습니까?

79. I want to send a telegram to Osaka.

오오사까에 전보를 치고 싶습니다.

80. Where should I go?

어디로 가면 됩니까?

81. Please give me a telegram application form.

전보용지를 주십시오.

82. Please write down the telegraphic message here.

여기에 전문을 써 주십시오.

83. Please send this telegram.

이 전보를 부탁합니다.

84. Please send an urgent telegram.

「지급」으로 부탁합니다.

85. What is the cost of this telegram?

전보요금은 얼마입니까?

86. Is this calculated by the number of words?

이것도 글자수에 들어갑니까?

87. How much is it for one word?

한 자에 얼마입니까?

88. 이찌고 햐꾸엔－데스.

一語 100円です

89. 고레데 이이데스까?

これで いいですか

90. 하이. 겟꼬오데스.

はい 結構です

91. 이쯔 쯔끼마스까?

いつ 着きますか

92. 교오노요루(아사) 쥬우지고로데스.

今日の夜（朝） 10時ごろです

93. 니지깐고니 쯔끼마스.

2時間後に 着きます

88. **One word is one hundred yen.**

한 자에 100엔 입니다.

89. **Is this all right ?**

이것으로 됩니까 ?

90. **Yes, it's fine.**

예, 좋습니다.

91. **When will it get ?**

언제 도착합니까 ?

92. **Around 10 o'clock this evening (this morning).**

오늘 밤(아침) 10시쯤 입니다.

93. **It will arrive in two hours' time.**

2시간 후에 도착합니다.

■ Yōgo (Vocabulary) 用語

通信	쓰우신	통신	correspondence
郵便	유-빙	우편	mail
郵便局	유-빙교꾸	우체국	post office
切手	깃떼	우표	stamp
航空便	고오꾸우빈	항공편	airmail
記念切手	기넨깃떼	기념우표	commemorative stamp
船便	후나빈	선편	ordinary mail
速達	소꾸다쯔	속달	express delivery post
書留	가끼또메	등기	registered post
人形	닝교-	인형	doll
申告書	싱고꾸쇼	신고서	declaration
受取人	우께또리닝	수취인	recipient, addressee
中味	나까미	속에 든 것	content
印刷物	인사쯔부쯔	인쇄물	printed matter
電話	뎅와	전화	telephone
故障中	고쇼오쮸-	고장중	out of order
外出	가이슈쯔	외출	going out
出張	슛쬬오	출장	on a business trip
不在	후사이	부재	absence
会議	가이기	회의	meeting
話し中	하나시쮸-	통화중	engaged on another phone
一通話	잇쯔으와	한 통화	one call
コレクト・コール	고레끄토・코-르	콜렉트 콜	collect call
ステーショナル・コール	스떼-쇼나루・코-르	스테이션 콜	station call
パーソナル・コール	파-소나루・코-르	퍼스널 콜	personal call
至急電話	시뀨우 뎅와	지급전화	urgent call
電報	뎀뽀오	전보	telegram

電報局	뎀뽀오교꾸	전화국	telephone office
国際電報	고꾸사이뎀뽀오	국제전보	international telegram
語数	고스-	자수	number of words
はがき	하가끼	엽서	post card
手紙	테가미	편지	letter
封筒	후-또-	봉투	envelope
便せん	빈센	편지지	writing paper
航空書簡	코-쿠-쇼깡 (에아·레타-)	항공편지	aerogramme
郵便番号	유-빈방고오	우편번호	postal code
受信人	쥬쎈닝 (우케토리닝)	수신인	addressee
発信人	핫�씬닝	발신인	sender
中央郵便局	츄우오오유-빙교꾸	중앙우체국	central post office
ポスト	뽀스또	우체통	post
郵便為替	유-빙가와세	우편환	postal order
普通便	후쯔-빙	보통편	sea mail
郵便料金	유-빈료오낑	보통요금	postage
小包	고즈쯔미	소포	parcel
小型包装物	고가따호오소오부쓰	소형포장물	package
価格表示	카카꾸효오지	가격표시	value declared
開封郵便	카이후-유-빙	개봉우편	unsealed mail
電話料	뎅와료오	전화료	telephone charge
内線	나이셍	구내전화선	interphone line
外線	가이셍	외선	outside line
交換手	꾜깡슈	교환원	operator (telephone)
普通	후쯔-	보통	ordinary
料金	료오낑	요금	charge
受付時刻	우께쓰께	접수시간	receiving time
至急電報	시뀨우 뎀뽀오	지급전보	urgent telegram
テレックス	테렉쿠스	텔렉스	telex

Lesson 8

NORIMONO(TRANSPORTATION)

乗物(교통)

1) Takushii （タクシー）

1. 타꾸시－니 노리따인   데스가.
   タクシーに 乗りたいん ですが

2. 다꾸시－와 도꼬데 노레마스까?
   タクシーは どこで 乗れますか

3. 다꾸시－노리바와   도꼬데스까?
   タクシー乗り場は   どこですか

4. 아소꼬노   유빙교꾸노마에데스.
   あそこの 郵便局の前です

5. 다꾸시－오 오요비 시마쇼오까?
   タクシーを お呼び しましょうか

6. 다꾸시오   욘데   구다사이.
   タクシーを 呼んで ください

7. 하쩨지니 구루마오 요꼬시떼 구다사이.
   8時に 車を よこして ください

8. 구루마오 스구니 오네가이시마스.
   車を すぐに お願いします

1) Taxi (택시)

1. **I want to get a taxi.**

   택시를 타고 싶은데요.

2. **Where can I get a taxi?**

   택시는 어디에서 탈 수 있습니까?

3. **Where is the taxi stand?**

   택시 승차장은 어디입니까?

4. **It is in front of the post office over there.**

   저쪽 우체국 앞에 있습니다.

5. **Shall I call a taxi?**

   택시를 불러 드릴까요?

6. **Please call a taxi.**

   택시를 불러 주세요.

7. **Please send a car at eight o'clock.**

   8시에 차를 보내 주세요.

8. **Please call a car immediately.**

   차를 지금 곧 불러 주세요.

9. 난닌　노라레마스까?

何人　乗られますか

10. 요닌　노리마스.

四人　乗ります

11. 도쩨라마데　데스까?

どちらまで　ですか

12. 고꼬마데　잇떼　구다사이.

ここまで　行って　ください

13. 이세딴마데　잇떼　구다사이.

伊勢丹まで　行って　ください

14. 이세딴마데　이꾸라데스까?

伊勢丹まで　いくらですか

15. 이세딴마데　난뿐구라이　가까리마스까?

伊勢丹まで　何分ぐらい　かかりますか

16. 고꼬와　입뽀오쯔－꼬오　데스.

ここは　一方通行　です

17. 맛스구　잇떼　구다사이.

真直ぐ　行って　ください

18. 쓰기노　가도오　히다리(미기)에　마갓떼　구다사이.

次の　角を　左(右)へ　曲って　ください

19. 무꼬오　가와마데　잇떼　구다사이.

向う　側まで　行って　ください

20. 고－사뗑오　도오리꼬시떼　도맛떼　구다사이.

交差点を　通り越して　止まって　ください

9. **How many passengers are going?**

   몇 사람 타십니까?

10. **There are four people.**

    네 사람 탑니다.

11. **Where are you going?**

    어디까지 가시지요?

12. **Please go to this place.**

    이곳까지 가 주십시오.

13. **Please go to Isetan.**

    이세탄까지 가 주십시오.

14. **How much is it to go to Isetan?**

    이세탄까지 얼마입니까?

15. **About how many minutes will it take to go to Isetan?**

    이세탄까지 몇분쯤 걸립니까?

16. **This is one-way traffic.**

    여기는 일방통행입니다.

17. **Please go straight.**

    곧장 가 주세요.

18. **Please turn left (right) at the next corner.**

    다음 모퉁이를 왼쪽으로 돌아 주세요.

19. **Please cross to the other side.**

    저쪽 편까지 가 주세요.

20. **Please stop after passing the crossroad.**

    교차점 (네거리)을 지나서 세워 주세요.

21. 고꼬데   도메떼   구다사이.

ここで 止めて ください

22. 신고오노 데마에데 도메떼   구다사이.

信号の 手前で 止めて ください

23. 모오스꼬시 사끼데스.

もう少し 先です

24. 스꼬시 이소이데 구다사이.

少し 急いで・ください

25. 싱야료오낑가 아리마스까?

深夜料金が ありますか

26. 오쯔리와 이리마셍.

おつりは いりません

2) Kisha （汽車）

27. 신깐셍와   도-쿄또하까다노 아이다오 하싯떼이마스.

新幹線は 東京と博多の 間を 走っています

28. 신깐셍니 "히까리"   또 "고다마"가 아리마스.

新幹線に 「ひかり」 と 「こだま」 が あります

29. "히까리" 와 오모나에끼니시까 도마리마셍.

「ひかり」は 主な駅にしか とまりません

21. **Please stop here.**

여기에 세워 주세요.

22. **Please stop before the traffic light.**

신호등 앞에서 세워 주세요.

23. **Go ahead a bit more.**

조금 더 앞쪽입니다.

24. **Please hurry a little.**

좀 서둘러 주세요.

25. **Do you have a midnight charge?**

심야요금이 있습니까?

26. **Keep the change.**

거스름 돈은 필요없습니다.

2) Train (기차)

27. **The Shinkansen (bullet train) runs between Tokyo and Hakata.**

신간선은 동경과 하까다 사이를 달리고 있습니다.

28. **There are two kinds of Shinkansen, "Hikari" and "Kodama".**

신간선에「히까리호」와 「고다마호」가 있습니다.

29. **"Hikari" only stops at the main stations.**

「히까리」는 주요한 역밖에 서지 않습니다.

30. 도-쿄에끼까라   신오오사까에끼마데 "히까리"데와 산지깐집뿡
    가까리마스.

    東京駅から   新大阪駅まで   「ひかり」では   3時間 10分
    かかります

31. 에끼와 도꾜데스까?

    駅は   どこですか

32. 도찌라마데   데스까?

    どちらまで   ですか

33. 하꼬네마데 렛샤데   이께마스까?

    箱根まで   列車で   行けますか

34. 도레꾸라이   밋떼바   렛샤가   기마스까?

    どれくらい   待てば   列車が   来ますか

35. 고훙구라이다   또   오모이-마스

    5分ぐらい   だ   と   思います

36. 쯔기노 렛샤와   난지데스까?

    次の   列車は   何時ですか

37. 이찌지깡 오끼니 아리마스.

    一時間   おきに   あります

38. 아다미마데 가다미쩨(오오후꾸) 구다사이.

    熱海まで   片道（往復）ください

39. 쯔요오기깡와 난니쩨깐데스까?

    通用期間は   何日間ですか

40. 이쯔까깐 데스.

    五日間   です

30. It takes 3 hours and ten minutes from Tokyo Station to Shin-Osaka Station by 'Hikari'.

동경역에서 신오오사까역까지 「히까리」로는 3시간10분 걸립니다.

31. Where is the railway station?

역은 어디에 있습니까?

32. Where would you like to go?

어디까지 가십니까?

33. Can I go to Hakone by train?

하꼬네까지 열차로 갈 수 있습니까?

34. How long do I have to wait till the train comes?

얼마나 기다리면 열차가 옵니까?

35. I think it is about five minutes.

5분쯤이라고 생각합니다.

36. What time will the next train be?

다음 열차는 몇 시 입니까?

37. It leaves every other hour.

한 시간 간격으로 있습니다.

38. Please give me a one-way ticket (return ticket) to Atami.

아다미까지 편도(왕복)로 주세요.

39. How many days is the validity of the ticket?

통용기간은 며칠간입니까?

40. It is valid for five days.

5일간입니다.

41. 고노깁뿌데　도쭈우게샤가　데끼마스까?

この切符で　途中下車が　できますか

42. 고노깁뿌와　칸세루（하라이모도시）　데끼마스까?

この切符は　キャンセル（払戻し）できますか

43. 고레와　하라이모도시　데끼마셍.

これは　払戻し　できません

44. 고레와　기깡가　기레떼이마스.

これは　期間が　切れています

45. 하라이모도시　데스료오또시떼　욘햐꾸엔　이따다끼마스.

払戻し　手数料として　400円　いただきます

46. 신다이샤(쇼꾸도-샤)가　아리마스까?

寝台車（食堂車）が　ありますか

47. 고노렛샤와　큐우꼬오데스까?

この列車は　急行ですか

48. 큐-꼬-껭가　히쯔요오데스.

急行券が　必要です

49. 쯔기노에끼와　도꼬데스까?

次の駅は　どこですか

50. 고오베와　이꾸쯔메　데스까?

神戸は　幾つめ　ですか

51. 노리까에　나께레바　이께마셍까?

乗り換え　なければ　いけませんか

52. 도꼬데　노리까에　마스까?

どこで　乗り換え　ますか

41. **Can I break the journey on this ticket?**

이 차표로 도중하차가 가능합니까?

42. **Can I cancel this ticket?**

이 차표는 캔슬(되돌려 받음)이 됩니까?

43. **This ticket cannot be refunded.**

이것은 환불 받을 수 없습니다.

44. **This has already expired.**

이것은 기간이 끝났습니다.

45. **Please pay a cancellation fee of four hundred yen.**

환불해 주는 수수료로 400엔 받습니다.

46. **Do you have a sleeping (dining) car?**

침대차(식당차)가 있습니까?

47. **Is this train an express train?**

이 열차는 급행입니까?

48. **It is necessary to have an express ticket.**

급행권이 필요합니다.

49. **Where is the next station?**

다음 역은 어디입니까?

50. **How many stations to Kobe?**

고오베는 몇 번째 역입니까?

51. **Must I change trains?**

기차를 바꿔 타야합니까?

52. **Where can I change trains?**

어디서 갈아탑니까?

53. 고노 렛샤와 나고야에 이끼마스까?

この 列車は 名古屋へ 行きますか

54. 고노 렛샤와 나고야니 도마리마스까?

この 列車は 名古屋に とまりますか

55. 고노 렛샤와 나고야오 도오리마스까?

この 列車は 名古屋を 通りますか

56. 혹까이도에노 세쯔조꾸가 아리마스까?

北海道への 接続が ありますか

57. 도-쿄유끼노 렛샤와 이쯔데마스까?

東京行きの 列車は いつ出ますか

58. 오오사카하쯔노 렛샤와 이쯔쯔끼마스까?

大阪発の 列車は いつ着きますか

59. 도-쿄유끼와 남방호-무 데스까?

東京行きは 何番ホーム ですか

60. 고노스-쯔·케-스오 하꼰데 구다사이.

このスーツ·ケースを 運んで ください

61. 렛샤가 기마시따.

列車が 来ました

62. 고꼬와 아이떼 이마스까?

ここは あいて いますか

63. 소꼬와 후사갓떼 이마스.

そこは ふさがって います

64. 고노샤료오와 자세끼시떼이니 낫떼이마스.

この車両は 座席指定に なっています

53. **Is this train going to Nagoya?**

이 열차는 "나고야"에 갑니까?

54. **Does this train stop at Nagoya?**

이 열차는 "나고야"에 정차합니까?

55. **Does this train pass Nagoya?**

이 열차는 "나고야"를 지납니까?

56. **Is there a connecting train to Hokkaido?**

북해도행 열차와 접속됩니까?

57. **When does the Tokyo bound train depart?**

동경에 가는 열차는 언제 떠납니까?

58. **When does the train from Osaka arrive?**

오오사까발 열차는 언제 도착합니까?

59. **On which platform is the train going to Tokyo?**

동경행은 몇 번 홈입니까?

60. **Please carry this suitcase.**

이 여행 가방을 운반해 주세요.

61. **The train is coming.**

기차가 옵니다.

62. **Is this place vacant?**

여기는 비어 있습니까?

63. **That seat is occupied.**

그 자리는 손님이 있습니다.

64. **This train has reserved seats.**

이 차량은 지정좌석제로 되어 있습니다.

65. 다 바 꼬 오   슷 떼 모   이 이 데 스 까 ?

　　たばこを　吸っても　いいですか

66. 기 쯔 엔 시 쯔 가 아 리 마 스 까 ?

　　喫煙室が　ありますか

67. 고 노 렛 샤 와   고 꼬 데   난 뿐   데 이 샤 시 마 스 까 ?

　　この列車は　ここで　何分　停車しますか

68. 니 훈 깐 데 이 샤 시 마 스.

　　2分間　停車します

69. 이 마 도 꼬 오   하 싯 떼 이 마 스 까 ?

　　今　どこを　走っていますか

70. 고 노 렛 샤 와   하 까 다 마 데 춋 꼬 오 시 마 스.

　　この列車は　博多まで　直行します

71. 와 따 시 와   노 리 꼬 시 마 시 따.

　　わたしは　乗り越しました

72. 쯔 기 노 에 끼 데 노 리 까 에 떼   구 다 사 이.

　　次の駅で　乗り換えて　ください

73. 세 이 산 쇼 와   도 꼬 데 스 까 ?

　　精算所は　どこですか

74. 죠 - 샤 껭 오 하 이 껭 이 따 시 마 스.

　　乗車券を　拝見　いたします

75. 오 와 스 레 모 노 노   나 이 요 오 니   오 오 리   구 다 사 이.

　　お忘れものの　ないように　お降り　ください

65. May I smoke?

담배를 피워도 좋습니까?

66. Is there a smoking room?

흡연실이 있습니까?

67. For how many minutes will this train stop here?

이 열차는 여기에서 몇분 정차합니까?

68. It will stop for two minutes.

2분간 정차합니다.

69. Where is it going now?

지금 어디를 달리고 있습니까?

70. This train is going direct to Hakata.

이 열차는 하까다까지 직행합니다.

71. I have gone past my destination.

나는 목적지를 지나버렸습니다.

72. Please change trains at the next station.

다음 역에서 갈아 타십시오.

73. Where is the fare adjustment office?

정산소가 어디 있습니까?

74. Please show me your ticket.

승차권을 좀 보여 주십시오.

75. Please don't forget your belongings when you get off.

잊은 물건이 없도록 잘 살피고 내려 주십시오.

3) Basu （バス）

76. 고노지까꾸데 바스니   노레마스까?

　　この近くで バスに 乗れますか

77. 고노바스와 도꼬유끼   데스까?

　　このバスは どこ行き ですか

78. 고레와 교오또유끼 데스.

　　これは 京都行き です

79. 교오또마데 니마아 구다사이.

　　京都まで 2枚 ください

80. 후꾸오까와 마다데스까?

　　福岡は まだですか

81. 고노바스와   후꾸오까에와 이끼마셍.

　　このバスは 福岡へは 行きません

82. 고꼬데   노리까에떼   구다사이.

　　ここで 乗り換えて ください

83. 바스와 고꼬데 집뿐깐 데이샤 시마스.

　　バスは ここで 10分間 停車 します

84. 쯔기노 바스와 난지 데스까?

　　次のバスは 何時ですか

85. 바스와   마모나꾸   핫샤   이따시마스.

　　バスは 間もなく 発車 いたします

86. 쯔기데 오로시떼 구다사이.

　　次で 降ろして ください

3) Bus (버스)

76. Can I get a bus near here?

여기서 가까운 곳에서 버스를 탈 수 있습니까?

77. Where is this bus going?

이 버스는 어디로 갑니까?

78. This is going to Kyoto.

이것은 "교오또"행 입니다.

79. Two tickets to Kyoto please.

"교오또"까지 2장 주십시오.

80. Have we arrived in Fukuoka yet?

후꾸오까는 아직 멀었습니까?

81. This bus does not go to Fukuoka.

이 버스는 후꾸오까에는 가지 않습니다.

82. Please change buses here.

여기서 바꿔 타세요.

83. The bus will stop here for ten minutes.

버스는 여기에서 10분간 정차합니다.

84. When is the next bus?

다음 버스는 몇 시입니까?

85. The bus will start soon.

버스는 곧 발차합니다.

86. Please let me get off at the next stop.

다음 정류소에서 내려 주세요.

4) Renta kā （レンタカー）

87. 구루마가 가리따인데스가.

車が　借りたいんですが

88. 야스꾸떼 운뗀시야스이　구루마오 가시떼　구다사이.

安くて　運転しやすい　車を　貸して　ください

89. 돈나　샤슈가　아리마스까?

どんな　車種が　ありますか

90. 난니찌 가리라레 마스까?

何日　貸りられ　ますか

91. 후쯔까깡 가리따인데스.

2日間　借りたいんです

92. 고노　모오시코미요오시니 기뉴우시떼 구다사이.

この　申込み用紙に　記入して　ください

93. 난니 쯔까와레마스까?

何に　使われますか

94. 강꼬오니 쯔까이마스.

観光に　使います

95. 시고또니 쯔까이마스.

仕事に　使います

96. 코꼬니　모돗떼　기마스.

ここに　戻って　来ます

97. 료오낑와　도오낫떼　이마스까?

料金は　どうなって　いますか

4) Rent-a-Car (렌트-카)

87. I want to rent a car.

자동차를 빌리고 싶은데요.

88. Please rent me a car that is cheap and easy to drive.

값이 싸고 운전하기 쉬운 차를 빌려 주십시오.

89. What type of cars do you have?

어떤 차종이 있습니까?

90. For how many days do you want to rent one?

며칠 동안 빌리시겠습니까?

91. I want to rent one for two days.

2일간 빌리고 싶습니다.

92. Please fill in this application form.

이 신청서에 기입해 주십시오.

93. What are you going to use it for?

무엇에 사용하실 것입니까?

94. I shall use it for sight-seeing.

관광하는 데 쓰겠습니다.

95. I shall use it for business.

비즈니스하는 데 쓰겠습니다.

96. I shall return here.

이곳으로 되돌아 오겠습니다.

97. What is the charge?

요금은 어떻게 됩니까?

98. 료오낑효-오 미세떼 구다사이

料金表を　見せて　ください

99. 지깐땅이데　하라이마스.

時間単位で　払います

100. 호껭오　쯔께마스까?

保険を　つけますか

101. 호껭료오와　이꾸라데스까?

保険料は　いくらですか

102. 지꼬노　바와이와　도오시　마스까?

事故の　場合は　どうしますか

103. 고노가이샤니　렌라꾸시떼　구다사이.

この会社に　連絡して　ください

104. 고노구루마오　뗀껜시떼　구다사이.

この車を　点検して　ください

105. 타이야가　빵꼬시마시따. 나오시떼　구다사이.

タイヤが　パンクしました　直して　ください

106. 엔징가　가까리마셍.

エンジンが　かかりません

107. 고노구루마와　고쇼오시떼이마스.

この車は　故障しています

108. 슈우리고오죠오와　아리마셍까?

修理工場は　ありませんか

109. 밧떼리-오　쥬우뎅시떼　구다사이.

バッテリーを　充電して　ください

98. **Please show me the price list.**

요금표를 보여 주세요.

99. **I shall pay by time.**

시간단위로 지불합니다.

100. **Do you want to be insured?**

보험을 들겠습니까?

101. **How much is the insurance fee?**

보험료는 얼마입니까?

102. **In case of an accident, how can I contact you?**

사고가 날 경우 어떻게 합니까?

103. **Please contact this company.**

이 회사로 연락해 주십시오.

104. **Please inspect this car.**

이 자동차를 점검해 주십시오.

105. **The tyre is punctured. Please repair it.**

타이어가 펑크났습니다. 고쳐 주십시오.

106. **The engine will not start.**

엔진이 걸리지 않습니다.

107. **This car has broken down.**

이 차는 고장입니다.

108. **Do you have a workshop?**

수리하는 공장은 없습니까?

109. **Please charge the battery.**

배터리를 충전시켜 주세요.

110. 부레-끼오 시라베떼 구다사이.

ブレーキを 調べて ください

111. 가소링오　이레떼　구다사이.

ガソリンを 入れて ください

112. 구루마오 호떼루니 마와시떼 구다사이.

車を ホテルに 回して ください

5) Fune 　（船）

113. 고노 후네와 이쯔 出빤(숫꼬오) 시마스까?

この 船は いつ出帆（出航） しますか

114. 고노 후네와 아삿떼　出빤시마스.

この 船は あさって 出帆します

115. 고노 후네와 도꼬에 이끼마스까?

この 船は どこへ 行きますか

116. 고노 후네와 요꼬하마에 이끼마스.

この 船は 横浜へ 行きます

117. 코오베유끼노 후네와 도노 삼바시데스까?

神戸行きの 船は どの 桟橋ですか

118. 고노 후네와 코오베니 기꼬오시마스까?

この 船は 神戸に 寄港しますか

119. 고노 후네와 고고산지니 요코하마니 쯔꾸요떼이데스.

この 船は 午後3時に 横浜に 着く予定です

120. 고노 후네니 이샤가　놋떼이마스까?

この 船に 医者が 乗っていますか

110. Please adjust the brakes.

브레이크를 점검해 주세요.

111. Please put some petrol in.

휘발유를 넣어 주세요.

112. Please send the car to the hotel.

차를 호텔에 보내 주세요.

5) Ship (배)

113. When will this ship sail?

이 배는 언제 출항합니까?

114. This ship will sail the day after tomorrow.

이 배는 모레 출항합니다.

115. Where is this ship going to?

이 배는 어디에 갑니까?

116. This ship is going to Yokohama.

이 배는 요꼬하마에 갑니다.

117. At which pier is the ship going to Kobe?

고오베행 배는 어느 부두입니까?

118. Will this ship call at Kobe?

이 배는 고오베에 기항합니까?

119. This ship is expected to reach Yokohama at 3 p.m.

이 배는 오후 3시에 요꼬하마에 도착할 예정입니다.

120. Is there a doctor on board this ship?

이 배에 의사가 타고 있습니까?

121. 죠오센지깡와 난지 데스까?

乗船時間は　何時　ですか

122. 강꼬오센가 아리마스까?

観光船が　ありますか

123. 스이쮸우요꾸센가 아리마스.

水中翼船が　あります

124. 고노후네와　산센-똔규우　데스.

この船は　3,000トン級　です

125. 난또이우　후네데 고라레마시따까?

何という　船で　こられましたか

126. 에리쟈베스고데　기마시따.

エリザベス号で　来ました

121. What is the boarding time?

승선시간은 몇 시입니까?

122. Is there a sight-seeing ship?

관광선이 있습니까?

123. There is a hydrofoil.

수중익선이 있습니다.

124. This is a 3,000 ton ship.

이 배는 3,000톤급입니다.

125. By what ship did you come?

어떤 배로 오셨습니까?

126. I came by the S.S. Queen Elizabeth.

엘리자베스호로 왔습니다.

■ Yōgo (Vocabulary) 用語

真直ぐ	맛스구	곧장	straight
左	히다리	왼쪽	left
右	미기	오른쪽	right
曲る	마가루	굽다	turn
向う側	무꼬오가와	저쪽편	opposite side
信号	신고오	신호	signal
手前	데마에	이쪽	this side
交差点	고ー샤뗑	네거리	crossing (junction)
深夜料金	싱야료오낑	심야요금	midnight charge
汽車	키샤	기차	train
片道	가따미찌	편도	one-way
往復	오오후꾸	왕복	going and coming
通用期間	쯔으요오기깡	유효기간	the term of validity
切符	깁뿌	차표	ticket
途中下車	도쭈우게샤	도중하차	stopover
払戻し	하라이모도시	되돌리다	refund
寝台車	신다이샤	침대차	sleeping car
食堂車	쇼꾸도ー샤	식당차	dining car
急行	큐ー꼬ー	급행	express
急行券	큐ー꼬오껭	급행권	express ticket
接続	세쯔조꾸	접속	connection
赤帽	아까보ー	인부, 포터	porter
座席指定	자세끼시떼이	지정석	reserved seat
直行	춋꼬오	직행	going directly
乗り越し	노리꼬시	능가하다	go beyond
精算所	세이산쇼	정산소	fare adjustment office
乗車券	죠ー샤껭	승차권	(railway) ticket
待合室	마쩨아이시쯔	대합실	waiting room
運賃	운찡	운임	fare
料金	료오낑	요금	charge
割引	와리비끼	할인	discount
取消料	토리케시료	취소료	cancellation fee

入場券	뉴우죠오껭	입장권	admission ticket
駅	에끼	역	station
駅長	에끼쬬-	역장	station master
特急	톡큐-	특급	special express
夜行列車	야코오렛샤	야간열차	a night train
運転手	운뗀슈	운전수	driver
車掌	샤쇼-	차장	conductor
プラット・ホーム	프랏토·호오무	플랫폼	platform
上（下）段寢台	죠-（게）단신다이	상(하)침대차	upper (lower) berth
喫煙車	기쯔엔샤	흡연차	smoking car
手荷物一時預り所	데니모쯔이쩨지 아즈까리쇼	수하물 일시 보관소	temporary baggage deposit office
周遊乘車券	슈우유-죠-샤껭	유람승차권	an excursion ticket
衝突	쇼오토쓰	충돌	collision
脱線	닷센	탈선	derail
停電	테이뗀	정전	power failure
不通	후쓰우	불통	suspension, inter-ruption
開通	카이쓰우	개통	opening to traffic
鉄道	데쓰도오	철도	railway
バス	바스	버스	bus
バス・ターミナル	바스·타아미나루	버스터미널	bus terminal
長距離バス	쬬오꼬리 바스	장거리버스	long distance bus
リムジンバス	리무진 바스	리무진버스	limousine bus
停留所	테이류-쬬	정류소	bus stop
駐車場	쥬-샤쬬-	주차장	a parking zone
回数券	카이스우껭	회수권	a coupon ticket
ハイヤー・カー	하이야·카-	렌트카	rental car
車種	샤슈	차종	type of car
申請	신세이	신청	apply
必要事項	히쯔요오지코오	필요사항	necessary particulars
走行距離	소오코오쿄리	주행거리	mileage

保険	호껭	보험	insurance
保険金	호껭낑	보험금	insurance money
故障	고쇼오	고장	breakdown, out of order
修理工場	슈우리고오죠오	수리공장	workshop
充電する	쥬우뎅스루	충전하다	charge a battery
ガソリン・スタンド	가소린·스탄도	주유소	petrol station, gasoline station
ハイヤー	하이야	전세차	hire car
高速道路	고오소꾸 도오로	고속도로	highway
保証金	호쇼오 낑	보증금	deposit money
船	후네	배	ship
出帆	슏빤	출범	sailing
桟橋	삼바시	부두	pier
寄港	기꼬오	기항	call at a port
乗船	죠오셍	승선	embarkation
停泊中	테이하꾸츄-	정박중	anchor
水中翼船	스이쮸우요꾸센	수중익선	hydrofoil craft
改札口	카이사쯔구찌	개찰구	ticket gate
交通信号	코-쯔-싱고-	교통신호	traffic signal
道路標識	도-로효-시끼	도로표지	road sign
交番	코오반	파출소	police box
交通	코오쓰우	교통	traffic
事故	지꼬	사고	accident
出発	슏빠쯔	출발	leave (depart)
着く	쯔꾸	도착	arrive
満員	망잉	만원	fully booked
客船	캬꾸센	객선	a passenger ship
貨物船	카모쓰센	화물선	cargo ship
港	미나또	항구	port
寄港地	기꼬오치	기항지	a port of call
船会社	후나카이샤	배회사	shipping company
船長	센쵸-	선장	captain
船員	셍잉	선원	crew
船室	센시쯔	선실	cabin
浴室	요쿠시쓰	욕실	bathroom

医務室	이무시쯔	의무실	medical treatment room
社交室	사코오시쯔	사교실	resting room
救命ボート	큐메이보-또	구명보트	a life boat
浮袋	우키부쿠로	구명대	a life belt
出帆時刻	슛빤지꼬꾸	출항시간	sailing time

Lesson 9

MICHI O TAZUNERU (ASKING THE WAY)

道をたずねる (길을 묻는다)

1. 에끼에 이꾸미쩨오 오시에떼 구다사이.

   駅へ 行く道を 教えて ください

2. 긴자-다이-이찌-호떼루와 도꼬데스까?

   銀座第一ホテルは どこですか

3. 고노쩨까꾸니 료꼬-샤가 아리마스까?

   この近くに 旅行社が ありますか

4. 아노다떼모노와 난데스까?

   あの建物は 何ですか

5. 타이마루와 고꼬까라 지까이데스까?

   大丸は ここから 近いですか

6. 아마리 도오꾸 아리마셍.

   あまり 遠く ありません

7. 와따시와 미쩨니 마욧떼 시마이마시따.

   わたしは 道に 迷って しまいました

8. 고노도오리와 난또이이마스까?

   この通りは 何といいますか

9. 지즈오 가이떼 구다사이.

   地図を 書いて ください

1. **Please tell me the way to the station.**

   역에 가는 길을 가르쳐 주십시오.

2. **Where is the Ginza Daiichi Hotel?**

   "긴자제일호텔"은 어디입니까?

3. **Is there a travel bureau near by?**

   이 부근에 여행사가 있습니까?

4. **What is that building?**

   저 건물은 무엇입니까?

5. **Is Daimaru near here?**

   다이마루 백화점은 여기에서 가깝습니까?

6. **It is not far.**

   그다지 멀지 않습니다.

7. **I have lost my way.**

   나는 길을 잃었습니다.

8. **What is the road called?**

   이 거리의 이름은 무엇입니까?

9. **Please draw me a map.**

   지도를 그려 주십시오.

10. 기따(히가시·니시·미나미)와 도쪠라데스까?

北（東・西・南）は　どちらですか

11. 도노 카도오 마가리마스까?

どの　角を　曲がりますか

12. 미기（히다리）에 마갓떼　구다사이.

右（左）へ　曲がって　ください

13. 고노미쩨오 맛스구 이랏샷떼　구다사이.

この道を　真直ぐ　いらっしゃって　ください

14. 도쭈우니 메지루시가 아리마스까?

途中に　目印が　ありますか

15. 고레가 이찌방 찌까미쩨데스.

これが　一番　近道です

16. 도오리누께 라레마스까?

通り抜け　られますか

17. 아루이떼 이께마스까?

歩いて　行けますか

18. 아루이떼 도노 꾸라이　가까리마스까?

歩いて　どのくらい　かかりますか

19. 아루이떼 니집뿡 가까리마스.

歩いて　20分　かかります

20. 바스데　이께마스까?

バスで　行けますか

21. 타꾸시-데 이꾸라　가까리마스까?

タクシーで　いくら　かかりますか

10. **Which direction is north (east, west, south)?**

북쪽(동, 서, 남)은 어느 쪽 입니까?

11. **Which corner should I turn?**

어느 모퉁이로 돌아야 합니까?

12. **Please turn right (left).**

오른쪽(왼쪽)으로 돌아 가세요.

13. **Please go straight on this road.**

이 길을 곧바로 가십시오.

14. **Is there any sign on the way?**

도중에 무슨 표시가 있습니까?

15. **This is the shortest way.**

이것이 가장 가까운 길입니다.

16. **Can I pass through?**

지나갈 수가 있습니까?

17. **Can I go there on foot?**

걸어서 갈 수 있습니까?

18. **How long will it take to walk there?**

걸어서 어느 정도 걸립니까?

19. **It takes twenty minutes to walk.**

걸어서 20분 걸립니다.

20. **Can I go by bus?**

버스로 갈 수 있습니까?

21. **How much is the fare by taxi?**

택시요금이 얼마나 됩니까?

22.　타꾸시 — 데 야꾸 센욘햐꾸엔 데스.

　　タクシーで　約　1,400円　です

■ Yōgo (Vocabulary) 用語

道	미찌	길	road
建物	다떼모노	건물	building
遠い	도오이	멀다	far
道に迷う	미찌니 마요우	길을 잃다	lose one's way
地図	지즈	지도	map
通り抜ける	도오리누께루	통과하다	go through, cut across
右側	미기가와	우측	right side
左側	히다리가와	좌측	left side
右側通行	미기가와 쓰우코오 (우소쿠 쓰우코오)	우측통행	keep to the right
左側通行	히다리가와 쓰우코오 (사소쿠 쓰우코오)	좌측통행	keep to the left
中央	쥬우오오	중앙	central
ストリート	스또리 — 또	거리	street
アベニュー	아베뉴 —	가로	avenue
道路	도오로	도로	road
歩道	호도 —	보도	footway
車道	샤도 —	차도	roadway
真直ぐ	맛스구	곧장	go straight
曲る	마가루	구부러지다	turn
右折する	우세쯔스루	우회전하다	turn right
左折する	사세쯔스루	좌회전하다	turn left
向う側	무꼬오가와	맞은편	opposite side
つぎ	쓰기	다음	next

22. It costs one thousand four hundred yen by taxi.

택시로 약 1,400엔 듭니다.

東	히가시	동쪽	east
西	니시	서쪽	west
南	미나미	남쪽	south
北	기따	북쪽	north
前	마에	앞	front
後	우시로	뒤	back
横	요꼬	옆	the side
横断步道	오오단호도오	횡단보도	pedestrian crossing
巡査	준사	순경	policeman
広場	히로바	광장	an open space
公園	고－엥	공원	garden
図書館	도쇼깡	도서관	library
教会	쿄오까이	교회	church
寺院	지잉	사원(절)	temple
時計台	토케이다이	시계탑	tower clock
塔	토－	탑	tower
市場	이찌바	시장	market

Lesson 10

BYŌKI (SICKNESS)

病氣(질병)

1. 도오 나사이 마시따까?

   どう なさい ましたか

2. 키붕가 와루인데스.

   気分が 悪いんです

3. 아따마가 이따인데스.

   頭が 痛いんです

4. 오나까가 이따인데스.

   おなかが 痛いんです

5. 다베스기 마시따.

   食べ過ぎ ました

6. 오사께오 노미스기 마시따.

   お酒を 飲み過ぎ ました

7. 게리오 시마시따.

   下痢を しました

8. 게리도메오 구다사이.

   下痢止めを ください

9. 하끼께가 시마스.

   吐氣が します

1. What's wrong with you?

   어디가 아프십니까?

2. I am not feeling well.

   기분이 좋지 않습니다.

3. I have a headache.

   머리가 아픕니다.

4. I have a stomach ache.

   위(배)가 아픕니다.

5. I have overeaten.

   과식했습니다.

6. I have had too much "Sake".

   술을 너무 많이 마셨습니다.

7. I have diarrhoea.

   설사를 했습니다.

8. Please prescribe some medicine to stop my diarrhoea.

   설사약을 주세요.

9. I feel like vomiting.

   구역질이 납니다.

10. 하끼 마시따.

 吐き　ました

11. 쇼꾸아따리 (쇼꾸쮸도꾸) 다 또 오모이마스.

 食あたり（食中毒）だ　と　思います

12. 하가 이따이데스.

 歯が　痛いです

13. 하이샤오 쇼오까이시떼 구다사이.

 歯医者を　紹介して　ください

14. 가제오 히끼마시따.

 風邪を　ひきました

15. 가제구스리오 구다사이.

 風邪薬を　ください

16. 노도가 이따이데스.

 のどが　痛いです

17. 세키가 데 마스.

 咳が　出ます

18. 세키도메오 구다사이.

 咳止めを　ください

19. 네쯔가 아리마스.

 熱が　あります

20. 넷츠와 난도 아리마스까?

 熱は　何度　ありますか

21. 산쥬우시찌도 아리마스.

 37度　あります

10. I have vomited.

토했습니다.

11. I think I have food poisoning.

식중독인 것 같습니다.

12. I have toothache.

이가 아픕니다.

13. Please recommend a dentist.

치과의사를 소개해 주십시오.

14. I have caught a cold.

감기에 걸렸습니다.

15. Please give me some medicine for my cold.

감기약을 주세요.

16. I have a sore throat.

목이 아픕니다.

17. I have a cough.

기침이 나옵니다.

18. Please give me some medicine to stop my coughing.

기침약을 주세요.

19. I have a fever.

열이 있습니다.

20. What is your temperature?

열은 몇 도 입니까?

21. It's 37°

37도입니다.

22. 사무께가 시마스.

寒気が　します

23. 게가오　시마시따.

けがを　しました

24. 아시오 구지끼마시따.

足を　くじきました

25. 야께도오　시마시따.

やけどを　しました

26. 후네니　요이마시따.

船に　酔いました

27. 메마이가　시마스.

めまいが　します

28. 이샤－오　욘데　구다사이.

医者を　呼んで　ください

29. 뵤오인니 쯔레떼　잇떼　　구다사이.

病院に　連れて　行って　ください

30. 이찌방 지까이뵤오인와 도꼬데스까?

一番　近い病院は　どこですか

31. 요야꾸가 아리마스까?

予約が　ありますか

32. 요야꾸오　시따인데스가.

予約を　したいんですが

33. 닙뽕고가　와까리마스까?

日本語が　わかりますか

22. I am feeling cold.

한기가 듭니다.

23. I am injured.

상처를 입었습니다.

24. I have sprained my leg.

발을 삐었습니다.

25. I have a burn.

화상을 입었습니다.

26. I am feeling sea-sick.

배 멀미를 합니다.

27. I feel giddy.

현기증이 납니다.

28. Please call a doctor.

의사를 불러 주십시오.

29. Please bring me to the hospital.

병원으로 데려다 주세요.

30. Where is the nearest hospital?

제일 가까운 병원은 어디에 있습니까?

31. Have you an appointment?

예약을 했습니까?

32. I want to make an appointment.

예약을 하고 싶습니다.

33. Can you understand Japanese?

일본어를 할 줄 아십니까?

34. 신사쓰오 시마스.

診察を　します

35. 요꼬니　낫떼　구다사이.

横に　なって　ください

36. 도꼬가　이따이데스까?

どこが　痛いですか

37. 이쯔까라　이따이데스까?

いつから　痛いですか

38. 기노오까라　이따이데스.

きのうから　痛いです

39. 큐우니　이따꾸　나리마시따.

急に　痛く　なりました

40. 이마와　다이죠오부데스.

今は　大丈夫です

41. 쇼꾸요꾸가　아리마셍.

食欲が　ありません

42. 요루와　네무레마스까?

夜は　眠れますか

43. 아마리　요꾸　네무레마셍.

あまり　よく　眠れません

44. 스이민　후소꾸데스.

睡眠　不足です

45. 스꼬시　요꾸　나리마시따.

少し　よく　なりました

34. I will examine you.

진찰을 하겠습니다.

35. Please lie down.

옆으로 누우세요.

36. Where is the pain?

어디가 아픕니까?

37. Since when did you feel the pain?

언제부터 아픕니까?

38. I have felt the pain since yesterday.

어제부터 아픕니다.

39. The pain started suddenly.

갑자기 아픕니다.

40. It is all right now.

지금은 괜찮습니다.

41. I have no appetite.

식욕이 없습니다.

42. Can you sleep at night?

저녁에는 잘 잡니까?

43. I can't sleep well.

별로 잘 자지는 못합니다.

44. You have not had enough sleep.

수면부족입니다.

45. I feel better.

조금 좋아졌습니다.

46. 숫까리　　요꾸 나리마시따.

すっかり　よく　なりました

47. 난니쩌　구라이데　젠까이시마스까?

何日　くらいで　全快しますか

48. 료꼬ー오 쯔즈께떼모 이이데스까?

旅行を　続けても　いいですか

49. 후쯔까깡 안세이가 히쯔요오데스.

二日間　安静が　必要です

50. 뉴우인시나께레바　나리마셍.

入院しなければ　なりません

51. 에이요오가　다리마셍.

栄養が　足りません

52. 추우샤오 시떼　구다사이.

注射を　して　ください

53. 구스리야와 도꼬니 아리마스까?

薬屋は　どこに　ありますか

54. 고노구스리와 난죠오 노미마스까?

この薬は　何錠　飲みますか

55. 고노구스리와 쇼꾸고니 니죠오즈쯔 논데　　구다사이.

この薬は　食後に　2錠ずつ　飲んで　ください

46. I have recovered completely.

아주 좋아졌습니다.

47. How many days will it take for a complete cure?

며칠 정도면 완쾌되겠습니까?

48. May I carry on with my travelling?

여행을 계속해도 좋습니까?

49. You must rest for two days.

이틀간 안정이 필요합니다.

50. You must be warded in the hospital.

입원을 하지 않으면 안됩니다.

51. You suffer from lack of nourishment.

영양이 부족합니다.

52. Please give me an injection.

주사를 놓아 주세요.

53. Where is the pharmacy?

약국은 어디에 있습니까?

54. How many tablets must I take?

이약은 몇 알 먹어야 합니까?

55. Please take two tablets after each meal.

이 약은 식후에 두 알씩 드세요.

■ Yōgo (Vocabulary) 用語

病気	보오끼	질병	sickness
頭が痛い（頭痛）	아따마가 이따이 (즈쓰으)	두통	headache
おなかが痛い（腹痛）	오나까가 이따이 (후꾸쓰으)	복통	stomachache
食べ過ぎる	다베스기루	과식	over-eat
飲み過ぎる	노미스기루	과음	drinking too much
下痢	게리	설사	diarrheoa
吐気	하끼께	구역질	vomit
食あたり	쇼꾸아따리	체하다	food poisoning
歯が痛い（歯痛）	하가 이따이 (시쓰으)	치통	toothache
歯医者	하이샤	치과의사	dentist
風邪	가제	감기	cold
風邪薬	가제구스리	감기약	cold medicine
のどが痛い	노도가 이따이	목이 아프다	sore throat
咳	세끼	기침	cough
熱	네쯔	열	fever
寒気	사무께	한기	cold
けが	게가	삐게하다	injury
くじく	쿠지꾸	삐다	sprain
やけど	야께도	화상	burn
船に酔う	후네니요우	배멀미	sea-sick
めまい	메마이	현기증	giddy
診察	신사쓰	진찰	medical examination
食欲	쇼꾸요꾸	식욕	appetite
睡眠不足	스이민후소꾸	수면부족	lack of sleep
全快	젠까이	완쾌	complete recovery
安静	안세이	안정	rest
栄養	에이요오	영양	nourishment
注射	추우샤	주사	injection
薬屋	구스리야	약방	dispensary
食後	쇼꾸고	식후	after meals

医者 (医師)	이샤(이시)	의사	doctor
看護婦	강고후	간호원	nurse
病人 (患者)	보오닌(칸자)	환자	patient
内科医	나이까이	내과의사	physician
外科医	게까이	외과의사	surgery
歯科医	시까이	치과의사	dentist
眼科医	강까이	안과의사	eye specialist
婦人科医	후징까이	산부인과의사	gynaecologist
小児科医	쇼오니까이	소아과의사	pediatrist
専門医	센몽이	전문의	specialist
病院	보오잉	병원	hospital
病室	보오시쯔	병실	sickroom, ward
診療所	신료.오쇼	진료소	clinic
治療室	치료오시쯔	치료실	treatment room
手術	슈쥬쓰	수술	operation (surgery)
入院	뉴우잉	입원	hospitalization
退院	타이잉	퇴원	discharge from hospital
ヨードチンキ	요오도쩬끼	옥도정기	iodine tincture
軟膏	난꼬오	연고	ointment
アスピリン	아스피런	아스피린	aspirin
睡眠薬	스이밍야꾸	잠자는약	sleeping pill
鎮痛剤	친쯔우자이	진통제	pain killer
目薬	메구스리	안약	eye drop
胃腸薬	이쬬오야꾸	위장약	stomach medicine
湿布	싯뿌	찜질	compress
消毒	쇼오도꾸	소독	sterilization, disinfection
うがい薬	우가이구스리	양치질 약	medicine for gargling
抗生物質	코오세이붓시쯔	항생물질	antibiotic
肺炎	하이엥	폐렴	pneumonia
盲腸炎	모오쬬오엥	맹장염	appendicitis
神経痛	신케이쯔우	신경통	neuralgia
コレラ	코레라	콜레라	cholera

腸チフス	조오치후스	장질부사	typhoid
流感（インフルエンザ）	류우칸(인후루엔자)	유행성감기	influenza
胃痛	이쯔우	위통	gastric pain
息切れ	이끼기레	숨이 참	breathlessness
かゆみ	가유미	가려움	itchy
だるい	다루이	나른하다	tired
鼻血がでる	하나지가 데루	코피가 나다	bleed at the nose
便秘	벤삐	변비	constipation
傷	키즈	상처	wound
骨折	콧세쯔	골절	fracture
打撲	다보꾸	타박	bruise
化膿	카노오	화농	suppuration
じんましん	진마신	두드러기	nettle rash
口内炎	코오나이엔	구내염	cold sores
身体	신타이	신체	body
頭	아따마	머리	head
首	구비	목	neck
喉（のど）	노도	인후, 목	throat
顔	가오	얼굴	face
眼	메	눈	eye(s)
鼻	하나	코	nose
口	구찌	입	mouth
耳	미미	귀	ear(s)
肩	가따	어깨	shoulder
背中	세나까	등	back
胸	무네	가슴	chest
心臓	신죠오	심장	heart
肝臓	칸조오	간장	liver
尻（しり）	시리	엉덩이	hip
腹部	후꾸부	복부	abdomen
わき腹	와키바라	옆구리	flank
へそ	헤소	배꼽	navel
関節	칸세쯔	관절	joint
骨	호네	뼈	bone
筋肉	킨니꾸	근육	muscle

皮膚	히후	피부	skin
膝（ひざ）	히자	무릎	knee
くるぶし	쿠루부시	복사뼈	ankle
指	유비	손가락	finger
親指	오야유비	엄지손가락	thumb
人差指	히또사시유비	검지손가락	forefinger
中指	나까유비	중지	middle finger
薬指	구스리유비	약지	ring finger
子指	고유비	새끼손가락	small finger
足指	아시유비	발가락	toes
ひじ	히지	팔꿈치	elbow
手首	데꾸비	손목	wrist
手	데	손	hand
腕	우데	팔	arm
胃	이	위	stomach
腸	조오	장	intestine
肺	하이	폐	lung

Lesson 11

KOMATTA-TOKI (IN TIMES OF TROUBLE)

困った時(곤란한 일을 당했을 때)

1. 파스뽀-또오 나꾸시떼 시마이마시따.

   パスポートを 無くして しまいました

2. 게이깡오 욘데 구다사이.

   警官を 呼んで ください

3. 도오 시마시따까?

   どう しましたか

4. 사이후가 나꾸나리 마시따.

   財布が なくなり ました

5. 사이후니 이꾸라 하잇떼이마시따까?

   財布に いくら 入っていましたか

6. 센-도루 하잇떼-이마시따.

   1,000ドル 入っていました

7. 카메라오 호떼루니 와스레떼 시마이마시따.

   カメラを ホテルに 忘れて しまいました

8. 호떼루니 모돗떼 구다사이.

   ホテルに もどって ください

9. 오또시모노노가까리와 도꼬데스까?

   おとしものの係は どこですか

1. **I have lost my passport.**

   여권을 잃어 버렸습니다.

2. **Please call a policeman.**

   경관을 불러 주십시오.

3. **What has happened?**

   무슨 일이 생겼습니까?

4. **I have lost my purse.**

   지갑을 잃었습니다.

5. **How much did you have in the purse?**

   지갑 안에 얼마 들어 있었지요?

6. **There were one thousand dollars in it.**

   1,000달러 들어 있었습니다.

7. **I have left my camera in the hotel.**

   카메라를 호텔에 두고 왔습니다.

8. **Please return to the hotel.**

   호텔로 되돌아 가 주세요.

9. **Where is the lost-and-found department?**

   분실계는 어디입니까?

10. 구쯔오 슈우리스루 도꼬로오   오시에떼   구다사이.

靴を 修理する ところを おしえて ください

10. **Please tell me where I can get my shoes repaired?**

구두를 수선할 곳을 가르쳐 주십시오.

■ Yōgo (Vocabulary)　用語

困った時	코맛따도끼	곤란 한때	when in trouble
韓国大使館	칸꼬꾸타이시깡	한국대사관	Korean Embassy
連絡する	렌라꾸스루	연락 하다	contact
呼ぶ	요부	부르다	call
盗まれる	누스마레루	도둑맞다	be stolen
忘れる	와스레루	잊다	forget
遺失物係	이시쯔부쯔가까리	유실물계	person-in-charge of lost property
靴	구쓰	구두	shoes
修理	슈우리	수리	repair
警察署	케이사쓰쇼	경찰서	police station
強盗	고오토오	강도	robber
すり	스리	소매치기	pickpocket
被害者	히가이샤	피해자	victim
目撃者	모쿠게끼샤	목격자	eye witness
火事	카지	화재	fire
救急車	큐우큐우샤	구급차	ambulance
交通事故	고오쓰우지꼬	교통사고	traffic accident
（鉄道）不通	（테쓰도오）후쓰우	불통	suspension (of railway)
洪水	코오즈이	홍수	flood
応急手当	오오큐우 테아떼	응급수당	first aid
非常ベル	히죠오베루	비상벨	emergency alarm
紛失する	훈시쓰스루	분실 하다	lose
盗難	토오난	도난	robbery

Lesson 12

(PARLOUR AND BARBER SHOP)

美容院・理髪店(미용원・이발관)

1. 고노헨니 비요오잉가 아리마스까?

   この辺に　美容院が　ありますか

2. 소꼬와 죠오즈 데스까?

   そこは　上手　ですか

3. 에이고가 쯔우지마스까?

   英語が　通じますか

4. 샴뿌우오　오네가이 시마스.

   シャンプーを　お願い　します.

5. 토리－토멘토　이따시마스까?

   トリートメント　いたしますか

6. 하이, 오네가이 시마스.

   はい、お願い　します

7. 캇또다께　오네가이 시마스.

   カットだけ　お願い　します

8. 도노꾸라이노　나가사니 기리마쇼오까?

   どのくらいの　長さに　切りましょうか

9. 미지까꾸 시떼 구다사이.

   短く　して　ください

1. Is there a beauty parlour around here?

이 근처에 미장원이 있습니까?

2. **Are they good (skilful)?**

거기는 잘합니까?

3. Can they understand English?

영어가 통합니까?

4. I would like to have a shampoo.

샴프를 부탁합니다.

5. Shall I apply a rinse (hair conditioner)?

린스를 쓸까요?

6. **Yes, please.**

예, 부탁합니다.

7. I would like to have a haircut only.

커트만 부탁합니다.

8. How would you like me to cut it?

어느 정도의 길이로 잘라 드릴까요?

9. **Please cut it short.**

짧게 해 주십시오.

10. 아마리 미지까꾸 시나이데 구다사이.

  あまり　短く　しないで　ください

11. 마에가미(우시로-노-게) 다께 깃떼　구다사이.

  前髪（後の毛）　だけ　切って　ください

12. 이마요리 스꼬시 미지까꾸시떼 구다사이.

  今より　少し　短くして　ください

13. 에다게오 데이레시떼　구다사이.

  枝毛を　手入れして　ください

14. 파아마오　오까께니　나리마스까?

  パーマを　おかけに　なりますか

15. 가루꾸(끼쯔꾸·쮸-꾸라이니)　가께떼　구다사이.

  軽く（きつく・中くらいに）かけて　ください

16. 돈 나 헤아-　스따이루니　나사이마스까?

  どんな　ヘヤー・スタイルに　なさいますか

17. 오마까세　시마스.

  おまかせ　します

18. 고노　가미가따니시떼　구다사이.

  この　髪型に　して　ください

19. 이마마데또 오나지가따니 시떼　구다사이.

  今までと　同じ型に　して　ください

20. 가미오 소메떼 구다사이.

  髪を　染めて　ください

21. 부분 조메니　시떼　구다사이.

  部分　染めに　して　ください

10. **Please don't cut it too short.**

너무 짧게 하지 마세요.

11. **Please cut the front (back) part only.**

앞머리(뒷머리)만 잘라 주세요.

12. **Please cut a little shorter than it is now.**

지금보다 조금 짧게 해 주세요.

13. **Please trim the split hair.**

가지머리를 손질해 주세요.

14. **Do you want to perm your hair?**

퍼머를 하시겠습니까?

15. **Please give me a light (strong, medium) permanent wave.**

가볍게 (강하게, 중간정도로) 말아 주세요.

16. **What type of hair style do you want?**

어떤 헤어 스타일로 하시겠습니까?

17. **I leave it to you.**

마음대로 해 주세요.

18. **Please do it in this hair style**

이 머리형으로 해 주세요.

19. **Same style as before, please.**

지금과 같은 형으로 해 주세요.

20. **I want to have my hair dyed, please.**

머리를 염색해 주십시오.

21. **Please dye part of it.**

부분염색을 해 주십시오.

22. 마니큐아오　시떼　구다사이.

　　マニキュアを　して　ください

23. 부라시오　요꾸가께떼　구다사이.

　　ブラシを　よくかけて　ください

24. 도라이야ー니　오하이리　구다사이.

　　ドライヤーに　お入り　ください

25. 아쯔꾸 나리마시따라　오시라세　구다사이.

　　熱く　なりましたら　お知らせ　ください

26. 헤아ー. 오이루 (헤아ー. 또닉그)　오쯔께떼　구다사이.

　　ヘヤー・オイル(ヘヤー・トニック)をつけて　ください

27. 사까게오 다떼떼 구다사이.

　　逆毛を　立てて　ください

28. 스꼬시 후꾸라마세떼　구다사이.

　　少し　ふくらませて　ください

29. 웨에브오　다시떼　구다사이.

　　ウェーブを　出して　ください

30. 고노마마데　나데쯔께떼　구다사이.

　　このままで　なでつけて　ください

31. 히게오　솟　떼　구다사이.

　　ひげを　剃って　ください（男）

32. 아따마또 가오노 맛사아지오　시떼　구다사이.

　　頭と　顔の　マッサージを　して　ください

22. I want to have a manicure.

매니큐어를 해 주세요.

23. Please give it a thorough brushing.

빗 손질을 잘해 주세요.

24. Please go under the hair drier.

드라이어에 들어 가시지요.

25. Please let me know if it becomes hot.

뜨거워지면 알려 주세요.

26. Please apply some hair oil (hair tonic).

머리기름을 발라 주세요.

27. Please back comb the hair.

머리 뒤로 빗질해 세워 주세요

28. Please puff out the hair a little.

조금 부풀게 해 세워 주세요.

29. Please make it wavy.

웨이브를 살려 주세요.

30. Please comb my hair as it is.

지금 상태로 매만져 주세요.

31. Please give me a shave.

면도를 해 주세요. (남자)

32. Please give me a scalp and face massage.

머리와 얼굴 마사지를 해 주세요.

■ Yōgo (Vocabulary) 用語

美容院	비요오인	미용원	beauty parlour
理髮店	리하쓰뗀	이발관	barber shop
上手だ	죠오즈다	능숙하다	skilful
通じる	쯔우지루	통하다	understand
前髪	마에가미	앞머리	front hair
後の毛	우시로-노-께	뒷머리	back hair
枝毛	에다게	가지털	split hair
軽く	가루꾸	가볍게	soft
髪型	가미가따	머리형	hair style
染める	소메루	물들이다	dye
逆毛	사까게	거꾸로 선 털	to back comb the hair
散髪する	삼빠쓰스루	이발하다	cut one's hair
ひげ	히게	수염	moustache
剃る	소루	깎는다 (면도)	shave
パーマをかける	빠아마오까께루	퍼머하다	have a perm
カット	갓또	커트	hair cut
洗髪	셈빠쓰	세발	shampoo
ふけ	후께	비듬	dandruff
染髪する	셈빠쓰 스루	머리에 물들이다	dye the hair
セットする	셋또스루	세트하다	set the hair

Lesson 13

KIKOKU (RETURN HOME)

歸國 (귀국)

1. 쟈아르노 우께쯔께와 고찌라 데스까?

   ＪＡＬの受付は こちら ですか

2. 요야꾸오 가꾸닝시따이 노데스가.

   予約を 確認したい のですが

3. 고노요야꾸오 칸세루 시떼 구다사이.

   この予約を キャンセル して ください

4. 에아·라인와 도꼬니 시마스까?

   エア・ラインは どこに しますか

5. 자알ー니 시떼 구다사이.

   ＪＡＬに して ください

6. 자알ー나나햐꾸쥬우로꾸빈니 헹고오시떼 구다사이.

   ＪＡＬ716便に 変更して ください

7. 쯔기노빙와 난지하쯔 데스까?

   次の便は 何時発 ですか

8. 다이이찌빙와 난지니 데마스까?

   第一便は 何時に 出ますか

1. Is this the enquiry desk for JAL?

   JAL의 접수는 여기서 합니까?

2. I would like to confirm the reservation.

   예약을 확인하려고 합니다.

3. Please cancel this reservation.

   이 예약을 취소해 주십시오.

4. On which airline would you like to fly?

   어느 항공편으로 가시겠습니까?

5. I would like to go on JAL.

   JAL을 이용하고자 합니다.

6. Please change to JAL716.

   JAL 716편으로 변경해 주십시오.

7. What time is the next flight?

   다음 편은 몇 시 출발입니까?

8. What time is the first flight?

   제일 첫편은 몇 시에 출발합니까?

9. 자알나나햐꾸쥬우나나빈노 책꾸·인와 난지까라　데스까?

ＪＡＬ717便のチェック・インは　何時から　ですか

10. 슛빠쯔지꼬꾸와 난지데스까?

出発時刻は　何時ですか

11. 고노히꼬오끼와 요떼이도오리 슛빠쯔시마스까?

この飛行機は　予定通り　出発しますか

12. 도노꾸라이　오꾸레마스까?

どのくらい　遅れますか

13. 히꼬오끼와 산집뿡·오꾸레마스.

飛行機は　30分　遅れます

14. 자알나나햐꾸쥬우하찌빈와 다이후우노다메 겍꼬오시마스.

ＪＡＬ718便は　台風のため　欠航します

15. 고노 히꼬오끼와 오오사까니 도마리마스까?

この　飛行機は　大阪に　とまりますか

16. 아메리까 짜꾸(하쯔)와 난지데스까?

アメリカ　着（発）は　何時ですか

17. 자알노 카운따ー에　고노니모쯔오 하꼰데 구다사이.

ＪＡＬのカウンターへ　この荷物を　運んで　ください

18. 고노 니모쯔노　쵸ー까료오낑와 이꾸라데스까?

この　荷物の　超過料金は　いくらですか

9. What time will the check-in be for flight JAL717?

JAL 717편의 탐승 수속은 몇 시부터 입니까?

10. What is the departure time?

출발시각은 몇 시입니까?

11. Will this flight leave on schedule?

이 비행기는 예정대로 출발합니까?

12. How long will it be delayed?

얼마나 늦어집니까?

13. The flight will be delayed for 30 minutes (half an hour).

비행기는 30분 늦어집니다.

14. JAL718 will be cancelled because of the typhoon.

JAL 718편은 태풍 때문에 결항합니다.

15. Will this flight stop at Osaka?

이 비행기는 오오사까에 멈춥니까?

16. What time will it arrive in (leave) America ?

미국 도착(출발)은 몇 시입니까?

17. Please carry this luggage to the JAL counter.

JAL 카운터에 이 짐을 운반해 주세요.

18. How much is the charge for this excess luggage?

이 짐의 초과요금은 얼마입니까?

19. 니모쯔와 고레다께 데스까?

荷物は　これだけ　ですか

20. 데니모쯔와 아리마셍 고노 한도·박그　　다께데스.

手荷物は　ありません。この　ハンド・バック　だけです

21. 고레와 기나이니 모쩨고미마스.

これは　機内に　持ち込みます

22. 아즈까리쇼오와 깁뿌니 쯔께떼아리마스.

預り証は　切符に　付けてあります

23. 다바꼬오 오스이니　나리마스까?

たばこを　お吸いに　なりますか

24. 마도가와니 세끼오 돗떼 구다사이.

窓側に　席を　取って　ください

25. 자알나나햐꾸쥬우하쩨빈노 사이슈우 안나이오 모-시아게마스.

ＪＡＬ718便の　最終案内を　申し上げます

26. 자알나나햐꾸쥬우하쩨빈노 오갸꾸사마와 쥬우반 게-또까라
고도오조오 구다사이.

**ＪＡＬ718便の　お客様は　10番　ゲートから　ご搭乗
ください**

27. 쥬-반 게-또와 도쩨라 데스까?

10番　ゲートは　どちら　ですか

19. Is this the only luggage?

짐은   이것뿐입니까?

20. I have no hand luggage, only this handbag.

수하물은 없습니다. 이 핸드백뿐입니다.

21. I would like to carry this luggage on to the plane.

이것은 기내에 가지고 갈 것입니다.

22. The luggage tag is attached to the ticket.

예치증은 표에 붙여 놓았습니다.

23. **Do you smoke?**

담배를 피우십니까?

24. **Please give me a seat by the window.**

창측에 자리를 잡아 주십시오.

25. This is the final announcement for the flight JAL718.

JAL 718편의 최종안내를 말씀드립니다.

26. **Passengers on flight JAL718 please board through Gate No.**

JAL 718편의 손님은 10번 게이트(출구)에서 타십시오.

27. **Where is Gate No. 10?**

10번 게이트는 어디입니까?

28. 고토오쬬오껜오 고요오이 구다사이.

   ご搭乗券を　ご用意　ください

29. 데 와　오꺼오　쯔께떼.

   では　お気を　つけて

30. 마따　오이데　구다사이.

   また　おいで　ください

31. 사요나라.

   さようなら

28. **Please get your boarding pass ready.**
탑승권을 준비하십시오.

29. **Bon voyage.**
조심하십시오. (잘가세요의 인사말)

30. **Please come again.**
또 오십시오.

31. Good-bye.
안녕히.

■ Yōgo (Vocabulary) 用語

帰国する	키코꾸스루	귀국하다	return home
空港	구우꼬오	공항	airport
受付	우께쯔께	접수	information office
予約	요야꾸	예약	booking
変更する	헹꼬오스루	변경하다	change
出発時刻	슛빠쯔 지꼬꾸	출발시간	departure time
飛行機	히꼬오끼	비행기	aeroplane
遅れる	오꾸레루	늦어지다	delay
欠航	겍꼬오	결항	flight cancellation
立ち寄る	다쩨요루	중도정거	stop-over
直行	춋꼬오	직행	going directly
直行便	춋꼬오빈	직행편	direct flight
経由	케이유	경유	via
延着	엔차꾸	연착	delayed arrival
荷物	니모쯔	화물	luggage
別送する	벳소오스루	별송하다	send by separate
超過料金	쵸-까료오낑	초과요금	excess luggage charge
追加料金	쓰이까료오낑	추가요금	additional charge
たばこを吸う	다바꼬오 스우	담배를 피우다	smoke
窓側	마도가와	창측	window seat
最終案内	샤이슈우안나이	최종안내	final announcement
搭乗券	도오쬬오껜	탑승권	boarding card
用意	요오이	준비	preparation
連絡便	렌라꾸빈	연락편	connecting flight

PART 2

基礎會話

Lesson 1

TSUKI·HI·YŌBI(THE MONTH, THE DATE AND THE DAYS)
月·日·曜日(월·일·요일)

1. 교오와 난가쯔 난니찌데스까 ?

   今日は　何月　何日ですか

2. 교오와 하찌가쯔 쥬-고니찌 데스.

   今日は　8月　15日です

3. 기노오와 난니찌 데시따까 ?

   昨日は　何日　でしたか

4. 기노오와 쥬-욧까 데시따.

   昨日は　14日　でした

5. 아시따와 난니찌 데스까 ?

   明日は　何日ですか

6. 아시따와 쥬-로꾸니찌데스.

   明日は　16日です

7. 교오와 난요오비 데스까 ?

   今日は　何曜日ですか

8. 교오와 게쯔요오비 데스.

   今日は　月曜日　です

9. 기노오와 난요오비　데시따까 ?

   昨日は　何曜日　でしたか

1. What is the date today?

오늘은 몇 월 몇일입니까?

2. Today is the fifteenth of August.

오늘은 8월 15일입니다.

3. What was the date yesterday?

어제는 몇일이었습니까?

4. Yesterday was the fourteenth.

어제는 14일이었습니다.

5. What will be the date tomorrow?

내일은 며칠입니까?

6. Tomorrow will be the sixteenth.

내일은 16일입니다.

7. What day is it today?

오늘은 무슨 요일입니까?

8. Today is Monday.

오늘은 월요일입니다.

9. What day was it yesterday?

어제는 무슨 요일이었습니까?

10. 키노오와 니쩨요오비 데시따.

昨日は　日曜日　でした

11. 아시따와 난요오비　데스까?

明日は　何曜日　ですか

12. 아시따와 카요오비 데스.

明日は　火曜日　です

13. 아나따노　　오딴죠오비와 이쯔데스까?

あなたの　お誕生日は　いつですか

14. 와따시노　　단죠오비와 시쩨가쯔 도오까데스.

わたしの　誕生日は　7月　10日です

15. 리상와　　　이쯔　님뽄니 고라레마스까?

李さんは　いつ　日本に　来られますか

16. 리상와　　　님뽄니 쥬우가쯔 도오까니 고라레마스.

李さんは　日本に　10月　10日に　来られます

17. 와따시와　　센슈- 님뽕에　　이끼마시따.

わたしは　先週　日本へ　行きました

18. 와따시와 라이슈-노 스이요오비니　가에리마스.

わたしは　来週の　水曜日に　帰ります

19. 와따시와 니넨마에노이마고로 요꼬하마니 이마시따.

わたしは　2年前の今頃　横浜に　いました

20. 와따시와　로꾸넨깐 님뽕고오　　벵쿄오시마시따.

わたしは　6年間　日本語を　勉強しました

10. **Yesterday was Sunday.**

어제는 일요일이었습니다.

11. **What day will it be tomorrow?**

내일은 무슨 요일입니까?

12. **Tomorrow will be Tuesday.**

내일은 화요일입니다.

13. **When is your birthday?**

당신의 생일은 언제입니까?

14. **My birthday is on the tenth of July.**

나의 생일은 7월10일 입니다.

15. **When will Mr. Lee come to Japan?**

李선생은 언제 일본에 오십니까?

16. **Mr. Lee will come to Japan on the tenth of October.**

李선생은 일본에 10월10일 오십니다.

17. **I went to Japan last week.**

나는 지난 주 일본에 갔습니다.

18. **I shall be going back to next Wednesday.**

나는 내주 수요일에 돌아갑니다.

19. **I was in Yokohama, about this time two years ago.**

나는 2년 전 이때쯤 요꼬하마에 있었습니다.

20. **I learned Japanese for six years.**

나는 6년간 일본어를 공부했습니다.

Lesson 2

JIKAN (THE TIME)
時間(시간)

1. 이마 난지데스까?

   今　何時ですか

2. 쬬오도　산지데스.

   ちょうど　3時です

3. 로꾸지한 데스.

   6時半　です

4. 하찌지집뿡마에(시찌지고쥬-뿡) 데스.

   8時10分前（7時50分）　です

5. 쥬-니지 쥬-고홍 스기 데스.

   12時15分　過ぎです

6. 아나따와　난지니　고라레마스까?

   あなたは　何時に　来られますか

7. 쥬우지니　기마스.

   10時に　来ます

8. 아나따와　난지니　이까레마스까?

   あなたは　何時に　行かれますか

9. 쥬-지니 이끼마스.

   10時に　行きます

1. **What time is it?**

   지금 몇 시입니까?

2. **It is exactly three o'clock.**

   정각 3시입니다.

3. **It is half past six.**

   6시 반 입니다.

4. **It is ten minutes to eight. (It is seven fifty.)**

   8시 10분 전 (7시 50분) 입니다.

5. **It is a quarter past twelve.**

   12시 15분이 지났습니다.

6. **What time will you come?**

   당신은 몇 시에 오시겠습니까?

7. **I shall come at ten o'clock.**

   10시에 오겠습니다.

8. **What time will you go?**

   당신은 몇 시에 가시겠습니까?

9. **I shall go at ten o'clock.**

   10시에 갑니다.

10. 아나따와　난지니　가에라레마스까?

あなたは　何時に　帰られますか

11. 쥬우지니 가에리마스.

10時に帰ります

12. 와따시와　쥬우지마데　오마쩨시마스.

わたしは　10時まで　お待ちします

13. 쥬우지마데　맛떼이떼　구다사이.

10時まで　待っていて　ください

14. 긴꼬오와　난지니　하지마리마스까?

銀行は　何時に　始まりますか

15. 긴꼬오와　쿠지니　하지마리마스.

銀行は　9時に　始まります

16. 가이샤와　고지니　오와리마스.

会社は　5時に　終ります

17. 야꾸소꾸노　지깡와　고젱(고고)　하쩨지데스.

約束の　時間は　午前（午後）　8時です

18. 야꾸소꾸노　지깡오　헨꼬오사세떼　구다사이.

約束の　時間を　変更させて　ください

19. 고쯔고오와　난지가　요로시이데스까?

ご都合は　何時が　よろしいですか

10. What time will you come back?

당신은 몇 시에 돌아오시겠습니까?

11. I shall come back at ten o'clock.

10시에 돌아옵니다.

12. I shall wait until ten o'clock.

나는 10시까지 기다리겠습니다.

13. Please wait until ten o'clock.

10시까지 기다려 주십시오.

14. What time does the bank open?

은행은 몇 시에 문을 엽니까?

15. The bank opens at nine o'clock.

은행은 9시에 문을 엽니다.

16. The company closes at five o'clock.

회사는 5시에 끝납니다.

17. The appointment is at 8.00 a.m. (8.00 p.m.) .

약속 시간은 오전 (오후) 8시입니다.

18. Please change the time of the appointment.

약속시간을 바꾸어 주십시오.

19. What time would be convenient for you?

당신 형편으로는 몇시가 좋겠습니까?

Lesson 3

NENREI (AGE)

年齢(연령)

1. 아나따와　난사이(오이꾸쯔)　데스까?

   あなたは　何歳 (おいくつ)　ですか

2. 와따시와　하따씨　데스.

   わたしは　20歳　です

3. 와따시와　욘쥬우고사이 데스.

   わたしは　45歳　です

4. 와따시와　산쥬－고사이노또끼　닙뽕에　이끼마시따.

   わたしは　35歳の時　日本へ　行きました

5. 와따시노　시찌와 시찌쥬－사이데스. (나나쥬－사이데스.)

   わたしの　父は　70歳　です

6. 와따시노　쯔마와 욘쥬사이 데스.

   わたしの　妻は　40歳　です

1. How old are you?

   당신은 몇 살입니까?

2. I am twenty (years old).

   나는 20살입니다.

3. I am forty-five (years old).

   나는 45살입니다.

4. I went to Japan when I was thirty-five (years old).

   나는 35살 때 일본에 갔었습니다.

5. My father is seventy (years old).

   저의 아버님은 70살입니다.

6. My wife is forty (years old).

   나의 처는 40살입니다.

Lesson 4

AISATSU (GREETINGS)

挨拶 (인사)

1. 오하요오　고자이마스.

   お早よう　ございます

2. 곤니찌와.

   こんにちは（今日は）

3. 곰방와.

   こんばんは（今晩は）

4. 오야스미나사이.

   お休みなさい

5. 사요오나라.

   さようなら

6. 마따　오아이　시마쇼오.

   また　お会い　しましょう

7. 오겡끼데스까?

   お元気ですか

8. 오까게사마데　겡끼데스.

   お蔭様で　元気です

9. 오꾸사마와　이까가데스까?

   奥様は　いかがですか

1. **Good morning.**

   (아침인사) 안녕하십니까?

2. **Good afternoon.**

   (낮 인사) 안녕하십니까?

3. **Good evening.**

   (저녁때 인사) 안녕하십니까?

4. **Good night.**

   안녕히 주무십시오.

5. **Good-bye.**

   안녕히 계십시오. (가십시오)

6. **See you again.**

   또 만납시다.

7. **How are you?**

   안녕하십니까?

8. **I am fine, thank you.**

   덕분에 잘 있습니다.

9. **How is your wife?**

   부인은 어떠십니까?

10. 아리가또오 고자이마스. 가나이모 겡끼데스.

ありがとう　ございます。家内も　元気です

11. 도오조 고료오신니 요로시꾸.

どうぞ　ご両親に　よろしく

12. 아리가또오 고자이마스.　소오쯔따에마스

ありがとう　ございます。そう伝えます

13. 오시고또와 이까가데스까?

お仕事は　いかがですか

14. 마아마아　데스.

まあまあ　です

10. **My wife is also fine, thank you.**

감사합니다. 집사람도 잘 있습니다.(건강합니다)

11. **Please send my best regards to your parents.**

부모님께 안부 전해 주십시오.

12. **I will, thank you.**

감사합니다. 그렇게 전하겠습니다.

13. **How is your job?**

하시는 일은 어떻습니까?

14. **So-so.**

그저 그렇습니다.

Lesson 5

SHŌKAI (INTRODUCTION)

紹介 (소개)

1. 지꼬쇼오까이오 사세떼 이따다끼마스.

   自己紹介を させて いただきます

2. 아나따와 도나따데스까?

   あなたは どなたですか

3. 와따시와 리데스. 하지메마시떼, 도오조 요로시꾸.

   わたしは 李です。はじめまして、どうぞ よろしく

4. 하지메마시떼.

   はじめまして

5. 리상오 고쇼-까이 이따시마스.

   李さんを ご紹介 いたします

6. 고찌라와 리상 데스.

   こちらは 李さんです

7. 하지메마시떼, 오메니가까레떼 다이헹 우레시이베스.

   はじめまして、お目にかかれて たいへん 嬉しいです

8. 오시리아이니 나레떼 우레시이데스.

   お知りあいに なれて 嬉しいです

9. 오아이데끼떼 다이헹 꼬오에이데스.

   お会いできて たいへん 光栄です

1. Let me introduce myself.

   제 소개를 하겠습니다.

2. May I know your name, please?

   당신은 누구십니까?

3. I am Mr. (Mrs., Miss) Lee, glad to meet you.

   저는 李입니다. 처음 뵙겠습니다, 잘 부탁합니다.

4. How do you do?

   처음 뵙겠습니다.

5. I would like to introduce you to Mr. Lee.

   李선생을 소개하겠습니다.

6. This is Mr. Lee.

   이분이 李선생입니다.

7. How do you do, I am very glad to meet you.

   처음 뵙겠습니다. 뵙게 되어 대단히 반갑습니다.

8. I am happy to have met you.

   알게 되어 반갑습니다.

9. I am honoured to have met you.

   만나 뵙게 되어 대단히 영광입니다.

10. 고레와 와따시노 메이시데스.

これは わたしの 名刺です

11. 오나마에와 다나까상까라   우까갓떼오리마시따.

お名前は 田中さんから 伺っておりました

12. 고쩨라와   와따시노가이샤노   샤쬬오데스.

こちらは わたしの会社の 社長です

13. 오시고또(고쇼꾸교오)와 난데스까?

お仕事（ご職業）は 何ですか

14. 와따시와   쥬우각꼬오노   교오시데스.

わたしは 中学校の 教師です

15. 고쩨라와 도-쿄다이가꾸노 다나까교오쥬데스.

こちらは 東京大学の 田中教授です

16. 와따시와 세이지가꾸오 센꼬오시떼이루   린데스.

わたしは 政治学を 専攻している 林です

17. 와따시와 니넨깐 닙뽄니 류우가꾸시마시따.

わたしは 2年間 日本に 留学しました

10. **This is my card.**

이것은 저의 명함입니다.

11. **I have heard your name from Mr. Tanaka.**

성함은 다나까씨로부터 잘 들었습니다.

12. **This is the president of my company.**

이분은 저희 회사의 사장님입니다.

13. **What is your occupation?**

직업은 무엇입니까?

14. **I am a secondary school teacher.**

저는 중학교의 교사입니다.

15. **This is professor Tanaka of Tokyo University.**

이분은 동경대학의 다나까 교수입니다.

16. **I am Lim, specialising in political science.**

저는 정치학을 전공하고 있는 林입니다.

17. **I have studied abroad in Japan for two years.**

나는 2년간 일본에 유학했습니다.

Lesson 6

HITO NI IRAI SURU TOKI(WHEN MAKING REQUESTS)

人に依頼する時(사람에게 의뢰할 때)

1. 육꾸리 잇떼 구다사이.

   ゆっくり 言って ください

2. 모오이찌도 옷샷때 구다사이.

   もう一度 おっしゃって ください

3. 쇼오쇼오 오마째 구다사이.

   少々 お待ち ください

4. 고엔료나꾸.

   ご遠慮なく

5. 이소이데 구다사이

   急いで ください

6. 와스레나이데 구다사이.

   忘れないで ください

7. 심붕오 못떼기떼 구다사이.

   新聞を 持って来て ください

8. 아시모또니 고쥬-이 구다사이.

   足もとに ご注意 ください

9. 아시따 오메니 가까리따이노데스가.

   明日 お目に かかりたいのですが

1. **Please speak slowly.**

   천천히 말해 주세요.

2. **I beg your pardon.**

   다시 한 번 말씀해 주십시오.

3. **Please wait for a while.**

   잠깐 기다려 주십시오.

4. **Don't be shy.**

   사양마시고.

5. **Please hurry up.**

   서둘러 주세요.

6. **Please don't forget.**

   잊지 마세요.

7. **Please bring the newspaper.**

   신문을 가져 오십시오.

8. **Please watch your step.**

   발밑을 주의하십시오.

9. **I would like to meet you tomorrow.**

   내일 만나 뵙고 싶습니다만.

10. 도오조 고육꾸리   고타이자이구다사이.

どうぞ　ごゆっくり　ご滞在ください

11. 오네가이가   아루노데스가.

お願いが　あるのですが

12. 고노이미오 세쯔메이시떼   구다사이.

この意味を　説明して　ください

10. Please stay for as long as you like.

자, 편안히 묵으십시오.

11. Could you please do me a favour?

부탁이 있는데요.

12. Please explain the meaning of this.

이 뜻을 설명해 주십시오.

Lesson 7

HITO NI KANSHA SURU TOKI (WHEN EXPRESSING ONE'S GRATI-TUDE)

人に感謝する時 (사람에게 감사할 때)

1. 아리가또오 고자이마스 (아리가또오 고자이마시따).

   ありがとう ございます (ありがとう ございました)

2. 오세와 사마데시따.

   お世話 さまでした

3. 교오와 도떼모 타노시깟따데스.

   今日は とても 楽しかったです

4. 고신세쯔와 겟시떼 와스레마셍.

   ご親切は 決して 忘れません

5. 오야꾸니 닷떼 우레시깟따데스.

   お役に 立って 嬉しかったです

6. 오쟈마 이따시마시다.

   おじゃま 致しました

1. **Thank you very much.**

   감사합니다, 고맙습니다.

2. **Thank you for your help.**

   신세 많이 졌습니다.

3. **Today was very enjoyable.**

   오늘은 매우 즐거웠습니다.

4. **I will never forget your kindness.**

   친절은 결코 잊지 않겠습니다.

5. **I am glad that I can help you.**

   도움이 되셨다면 기쁩니다.

6. **Sorry to trouble you.**

   오랫동안 실례했습니다.

Lesson 8

HITO NI SHAZAI O SURU TOKI (TO APOLOGISE)

人に謝罪をする時(사람에게 사과할 때)

1. 고메이와꾸오 오까께시떼 스미마센데시따.

   ご迷惑を おかけして すみませんでした

2. 셍야꾸가 아리마스노데 모오시와께 고자이마셍.

   先約が ありますので 申しわけ ございません

3. 오사끼니 시쯔레이시마스.

   お先に 失礼します

4. 오소꾸낫떼 스미마셍.

   遅くなって すみません

5. 스미마셍 데시따(시쯔레이시마시따).

   すみません でした(失礼しました)

1. **I am sorry to have troubled you.**

   폐를 끼쳐서 미안합니다.

2. **I am sorry that I have a previous appointment.**

   선약이 있어 죄송하기 그지없습니다.

3. **Sorry, I have to go first.**

   먼저 실례합니다.

4. **Sorry I am late.**

   늦어서 미안합니다.

5. **I am sorry (Excuse me).**

   미안했습니다. (실례했습니다)

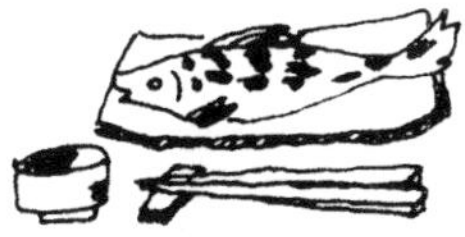

Lesson 9

HITO O HOMERU TOKI (WHEN PRAISING SOMEONE)

人を擧める時(사람을 칭찬할 때)

1. 네꾸따이가 요꾸 오니아이 데스네.

   ネクタイが よく お似合い ですね

2. 기모노노슈미가 도떼모 요로시이 데스네.

   着物の趣味が とても よろしいですね

3. 소레와 스바라시이 오강가에데스네.

   それは 素晴しい お考えですね

4. 아노가따와 다이헹 오모이야리노 아루가따데스.

   あの方は たいへん 思いやりの あるかたです

1. Your necktie really suits you.

    넥타이가 잘 어울리는군요.

2. Your dress is in very good taste.

    옷 고르시는 취향이 참 좋으신데요.

3. It is a wonderful idea.

    그것은 훌륭한 생각이군요.

4. That person is (very) considerate.

    저 분은 대단히 친절하신 분입니다.

Lesson 10

HITO NO FUKŌ O NAGUSAMERU TOKI (TO CONSOLE SOMEONE'S MISFORTUNE)

人の不幸を慰める時（남의 불행을 위로할 때）

1. 소레와 오끼노도꾸 데스네.

   それは　お気の毒　ですね

2. 소레와 잔넨데스네.

   それは　残念ですね

3. 신쭈우 오사시 모오시아게마스.

   心中　お察し　申しあげます

4. 고꼬로까라 고도오조오 모오시아게마스.

   心から　ご同情　申しあげます

5. 아마리 기오오또사나이데 구다사이.

   あまり　気を落とさないで　ください

1. That is unfortunate.

    그거 안됐군요.

2. That is very regrettable.

    그거 유감스럽군요.

3. Please accept my deepest condolences.

    괴로운 심정을 살펴 모시겠습니다.

4. You have my heartfelt sympathy.

    진심으로 동정합니다.

5. Please do not be too disappointed.

    너무 낙심하지 마십시오.

Lesson 11

HITO O SASOU TOKI (WHEN MAKING AN INVITATION)

人を誘う時(사람을 권유할 때)

1. 와따시노　단죠비노　파-티니　　기떼　구다사이.

   わたしの　誕生日の　パーティーに　来て　ください

2. 오히마노오리니와　오데까께　구다사이.

   お暇の折には　お出かけ　ください

3. 이찌지니　구루마데　오무까에니　마이리마스.

   1時に　車で　お迎えに　参ります

1. Please come to my birthday party.

   내 생일파티에 와 주십시오.

2. Please come to see me when you are free.

   틈이 있으면 한번 와 주십시오.

3. I will come and fetch you at one o'clock.

   1시에 차로 모시러 가겠습니다.

<table>
<tr><td>Lesson

12</td><td>**HITO NI SUSUMERU TOKI (WHEN OFFERING SOMETHING TO SOME-ONE)**

人にすすめる時 (사람에게 권할 때)</td></tr>
</table>

1. 도오조 오 라 꾸 니.

   どうぞ　お楽に

2. 도오조 오 하이리 구다사이.

   どうぞ　お入り　ください

3. 도오조　오까께　구다사이.

   どうぞ　おかけ　ください

4. 도오조　고엔료나꾸.

   どうぞ　ご遠慮なく

5. 도오조　메시아갓떼　구다사이.

   どうぞ　召し上って　ください

6. 도오조　오사끼니.

   どうぞ　お先に

1. Please make yourself at home.

   편안히 계세요. (쉬세요)

2. Please come in.

   어서 들어오십시오.

3. Please sit down.

   어서 앉으십시오.

4. Don't be shy.

   사양마시고.

5. Please help yourself.

   어서 드십시오.

6. After you.

   먼저 ~하십시오.

Lesson 13

HITO NI KIBŌ O NOBERU TOKI
(WHEN TELLING SOMEONE
ABOUT ONE'S WISHES)

人に希望をのへる時(사람에게 희망을 말
할 때)

1. 닙쁜니 이끼따인 데스가.

   日本に 行きたいんですが

2. 도께이가 호시인 데스가.

   時計が 欲しいんですが

1. I want to go to Japan.

   일본에 가고 싶은데요.

2. I would like to have a watch.

   시계를 사고 싶은데요.

<table>
<tr><td rowspan="2">Lesson

14</td><td>IPPAN NI YOKU TSUKAWARERU GIMONBUN (INTERROGATIVE SENTENCES IN GENERAL USE)</td></tr>
<tr><td>一般によく使われね疑問文(일반적으로
잘 쓰이는 의문문)</td></tr>
</table>

1. 난데스까?

　何ですか

2. 도레데스까?

　どれですか

3. 도쩌라데스까?

　どちらですか

4. 도꼬데스까?

　どこですか

5. 나제데스까? (도오시떼데스까?)

　なぜですか (どうしてですか)

6. 이쯔데스까?

　いつですか

7. 이쯔마데데스까?

　いつまでですか

8. 고레와 이까가데스까?

　これは いかがですか

9. 오이꾸라 데스까?

　おいくら ですか

1. **What is that?**

   무엇입니까?

2. **Which one?**

   어느 것입니까?

3. **Which way? (Where?)**

   어느 쪽입니까?

4. **Where?**

   어디입니까?

5. **Why?**

   왜 그렇습니까?

6. **When?**

   언제입니까?

7. **Until when (How long)?**

   언제까지입니까?

8. **How about this one?**

   이것은 어떻습니까?

9. **How much?**

   얼마입니까?

10. 오이꾸쯔데스까?（난사이데스까?）

  おいくつですか（何歳ですか）

11. 다레데스까?（도나따데스까?）

  誰ですか（どなたですか）

10. **How old?**

    몇 살입니까?

11. **Who?**

    누구십니까?

Lesson 15

TENKŌ (WEATHER)
天候(날씨)

1. 교오와 이이 오뎅까데스네.

   今日は いい お天気ですね

2. 교오와 아쯔이데스네.

   今日は 暑いですね

3. 가제가 쓰요이데스네.

   風が 強いですね

4. 아메가 훗떼이마스.

   雨が 降っています

5. 다이후우가 기마스.

   台風が きます

1. It is fine weather today, (isn't it?)

오늘은 좋은 날씨군요.

2. It's a hot day today, (isn't it?)

오늘은 덥군요.

3. The wind is strong, (isn't it?)

바람이 세차군요.

4. It is raining.

비가 내리고 있습니다.

5. A typhoon is coming.

태풍이 옵니다.

<table>
<tr><td>Lesson
16</td><td>KANTANNA SHITSUMON TO KOTAE(SIMPLE QUESTIONS AND ANSWERS)

簡單な質問と答え（간단한 문답）</td></tr>
</table>

1. 스이에이가 데끼마스까?

   水泳が できますか

   하이, 데끼마스.

   はい できます

   이이에, 데끼마셍.

   いいえ できません

2. 나니이로가 오스까 데스까?

   何色が お好きですか

   아까가 스끼데스.

   赤が 好きです

3. 오이소가시이데스까?

   お忙がしいですか

   하이, 다이헹   이소가시이데스.

   はい たいへん 忙しいです

   이이에, 아마리   이소가시꾸아리마셍.

   いいえ あまり 忙しくありません

1. **Can you swim?**

   수영을 할 수 있습니까?

   Yes, I can.

   예, 할 수 있습니다.

   No, I can't.

   아니오, 못합니다.

2. **What colour do you like?**

   무슨 색을 좋아하십니까?

   I like red.

   빨강색을 좋아합니다.

3. **Are you busy?**

   바쁘십니까?

   Yes, I am very busy.

   예, 대단히 바쁩니다.

   No, I am not so busy.

   아니오, 그다지 바쁘지 않습니다.

4. 요오이가 데끼마시따까?

用意が　できましたか

하이, 데끼마시다.

はい　できました

이이에, 마다데스.

いいえ　まだです

5. 아나따와　닙뽄진데스까?

あなたは　日本人ですか

하이, 소오데스.

はい　そうです

이이에, 지가이마스.

いいえ　違います

6. 닙뽕고오　하나사레마스까?

日本語を　話されますか

하이, 스꼬시하나세마스.

はい　少し話せます

이이에, 젠젠　하나세마셍.

いいえ　ぜんぜん　話せません

7. 아리가또오　고자이마시따.

ありがとう　ございました

도오이따시마시떼.

どういたしまして

4. **Are you ready?**

준비가 됐습니까?

Yes, I am.

예, 되었습니다.

No, not yet.

아니오, 아직 안되었습니다.

5. **Are you Japanese?**

당신은 일본인입니까?

Yes, I am.

예, 그렇습니다.

No, I'm not.

아니오, 그렇지 않습니다.

6. **Can you speak Japanese?**

일본말을 할 수 있습니까?

Yes, I can speak a little.

예, 조금은 말할 수 있습니다.

No, I can't speak at all.

아니오, 전연 못합니다.

7. **Thank you very much.**

감사했습니다.

Don't mention it. (Not at all.)

천만에요.

8. 쇼오쇼오 오마쩨 구다사이.

少々　お待ち　ください

오마따세 이따시 마시따.

お待たせ　致しました

9. 고레와 아레또 오나지데스까?

これは　あれと　同じですか

하이, 오나지데스.

はい　同じです

이이에, 찌가이마스.

いいえ　違います

10. 슈마와 난데스까?

趣味は　何ですか

테니스 데스.

テニスです

11. 나니니교오미가 아리마스까?

何に興味が　ありますか

레끼시니 교오미가 아리마스.

歴史に、興味が　あります

12. 고노구니와 나니고가 고꾸고데스까?

この国は　何語が　国語ですか

닙뽕고데스.

日本語です

8. Please wait for a while.

잠깐 기다려 주십시오.

Sorry to keep you waiting.

기다리시게 해서 미안합니다.

9. **Is this one the same as that one?**

이것은 저것과 같습니까?

Yes, they are the same.

예, 같습니다.

No, they are different.

아니오, 틀립니다.

10. **What is your hobby?**

취미는 무엇입니까?

Playing tennis.

테니스입니다.

11. **What are you interested in?**

무엇에 흥미가 있습니까?

I am interested in history.

역사에 흥미가 있습니다.

12. **What is the national language of this country?**

이 나라의 국어는 무엇입니까?

It is Japanese.

일본어입니다.

13. 와까리 마시따까?

わかりましたか

하이. 와까리마시따.

はい　わかりました

이이에. 와까리마셍.

いいえ　わかりません

14. 싯떼　이마스까?

知って　いますか

하이, 싯떼이마스.

はい　知っています

이이에. 시리마셍.

いいえ　知りません

13. **Do you understand?**

알았습니까?

Yes, I do.

예. 알았습니다.

No, I don't.

아니오, 모릅니다.

14. **Do you know?**

알고 계십니까?

Yes, I know.

예, 알고 있습니다.

No, I don't know.

아니오, 모르겠습니다.

<table>
<tr><td>Lesson
17</td><td>KAIWA O TSUNAGU KOTOBA
(CONJUNCTIVE WORDS AND
PHRASES)

會話をつなぐ言葉(회화를 연결하는 말)</td></tr>
</table>

1. 소시떼.

   そして

2. 소레까라.

   それから

3. 시까시.

   しかし

4. 지쯔와.

   実は

5. 모쩌론데스.

   もちろんです

6. 소오데스까?

   そうですか

7. 소노또오리데스.

   そのとおりです

8. 도오깐데스.

   同感です

9. 혼또오데스까?

   ほんとうですか

1. **and, then**

   그리고.

2. **after that, since then**

   그리고 그 다음에는

3. **but**

   그러나.

4. **actually, as a matter of fact, in fact.**

   사실은.

5. **of course**

   물론입니다.

6. **Is that so?**

   그렇습니까?

7. **You're right. (That's right.)**

   말씀대로 입니다.

8. **I agree with you.**

   동감입니다.

9. **Is that true? (Really?)**

   정말입니까?

10. 나루호도.

なるほど

Kihontango (Basic Words) 기본단어

(1) 基數	Kisū	기수 (기본숫자)	Cardinal Numbers
1	이찌	하나	one
2	니	둘	two
3	상	셋	three
4	시, 용	넷	four
5	고	다섯	five
6	로꾸	여섯	six
7	시찌, 나나	일곱	seven
8	하찌	여덟	eight
9	구, 규우	아홉	nine
10	쥬우	열	ten
20	니쥬우	스물	twenty
30	산쥬우	서른	thirty
40	욘쥬우	마흔	forty
50	고쥬우	쉰	fifty
60	로꾸쥬우	예순	sixty
70	시찌쥬우	일흔	seventy
80	하찌쥬우	여든	eighty
90	규우쥬우	아흔	ninety
100	햐꾸	백	one hundred
1000	셍	천	one thousand
10000	이찌망	만	ten thousand
100000	쥬우망	십만	one hundred thousand

10. I see.

과연 그렇군요.

(2) 序數	Josŭ	서수(순서숫자)	Ordinal Numbers
第1	다이 이찌	제1	first
第2	다이 니	제2	second
第3	다이 상	제3	third
第4	다이 시	제4	fourth
第5	다이 고	제5	fifth
第6	다이 로꾸	제6	sixth
第7	다이 시찌	제7	seventh
第8	다이 하찌	제8	eighth
第9	다이 구	제9	ninth
第10	다이 쥬우	제10	tenth
第11	다이 쥬우이찌	제11	eleventh
第12	다이 쥬우니	제12	twelfth
第20	다이 니쥬우	제20	twentieth
第100	다이 햐꾸	제100	one hundredth

(3) 月	Tsuki	월	Months
1月	이찌 가쓰	정월(1월)	January
2月	니 가쓰	2월	February
3月	상 가쓰	3월	March
4月	시 가쓰	4월	April
5月	고 가쓰	5월	May
6月	로꾸 가쓰	6월	June
7月	시찌 가쓰	7월	July
8月	하찌 가쓰	8월	August
9月	구 가쓰	9월	September
10月	쥬우 가쓰	10월	October
11月	쥬우이찌 가쓰	11월	November
12月	쥬우니 가쓰	12월	December

●250

今月	콩게쓰	이달	this month
来月	라이게쓰	다음달	next month
先月	셍게쓰	지난달	last month
毎月	마이게쓰	매월	every month
月末	게쓰 마쓰	월말	end of the month
(4) 日	**Hi**	**날짜**	**Dates**
1日	쓰이따찌	1일	first
2日	후쓰까	2일	second
3日	밋까	3일	third
4日	욕까	4일	fourth
5日	이쓰까	5일	fifth
6日	무이까	6일	sixth
7日	나노까	7일	seventh
8日	요오까	8일	eighth
9日	고꼬노까	9일	ninth
10日	도오－까	10일	tenth
11日	쥬우이찌－니찌	11일	eleventh
12日	쥬우니－니찌	12일	twelfth
13日	쥬우산－니찌	13일	thirteenth
14日	쥬우옷까	14일	fourteenth
15日	쥬우고－니찌	15일	fifteenth
16日	쥬우로꾸－니찌	16일	sixteenth
17日	쥬우시찌－니찌	17일	seventeenth
18日	쥬우하찌－니찌	18일	eighteenth
19日	쥬우규－니찌	19일	nineteenth
20日	하쓰까	20일	twentieth
21日	니쥬우이찌－니찌	21일	twenty-first
22日	니쥬우니－니찌	22일	twenty-second
23日	니쥬우산－니찌	23일	twenty-third
24日	니쥬우옷까	24일	twenty-fourth
25日	니쥬우고－니찌	25일	twenty-fifth
26日	니쥬우로꾸－니찌	26일	twenty-sixth
27日	니쥬우시찌－니찌	27일	twenty-seventh
28日	니쥬우하찌－니찌	28일	twenty-eighth
29日	니쥬우규－니씨	29일	twenty-ninth

30日	산쥬－니쩨	30일	thirtieth
31日	산쥬－이쩨－니쩨	31일	thirty-first
今日	교오－	오늘	today
明日	아시따 (아스)	내일	tomorrow
昨日	키노오	어저깨	yesterday
毎日	마이니쩨	매일	every day
朝	아사	아침	morning
昼	히루	낮	noon
晩	방	저녁, 밤	night or evening

(5) 曜日	**Yōbi**	요일	**Days of the Week**
日曜日	니쩨요오비	일요일	Sunday
月曜日	계쓰요오비	월요일	Monday
火曜日	가요오비	화요일	Tuesday
水曜日	스이요오비	수요일	Wednesday
木曜日	모꾸요오비	목요일	Thursday
金曜日	깅요오비	금요일	Friday
土曜日	도요오비	토요일	Saturday
今週	콘슈우	금주	this week
来週	라이슈우	다음주	next week
先週	셍슈우	지난주	last week
毎週	마이슈우	매주	every week
週日	슈우지쓰	주일	week days
週末	슈－마쓰	주말	week end

(6) 年	**Toshi (nen)**	년	**Years**
1年	이쩨넨	1년	one year
2年	니넹	2년	two years
3年	산넨	3년	three years
4年	요넨	4년	four years
今年	고또시	금년	this year
来年	라이넹	내년	next year
去年 (昨年)	교넨 (사꾸넹)	작년	last year
毎年	마이넨 (마이또시)	매년	every year
年末	넨마쓰	연말	end of the year

(7) 時間	**Jikan**	시간	**Time**
1時	이찌지	한시	one o'clock
2時	니지	두시	two o'clock
3時	산지	세시	three o'clock
4時	요지	네시	four o'clock
1分	잇뿅	1분	one minute
2分	니훙	2분	two minutes
3分	삼뿅	3분	three minutes
4分	욘뿅	4분	four minutes
15分	쥬-고훙	15분	fifteen minutes
30分	산집뿅 (산쥬-뿅)	30분	thirty minutes
45分	욘쥬우고훙	45분	forty-five minutes
1秒	이찌보-	1초	one second
2秒	니보-	2초	two seconds
3秒	산보-	3초	three seconds
4秒	욘보-	4초	four seconds
15秒	쥬우고보-	15초	fifteen seconds
30秒	산쥬우보-	30초	thirty seconds
45秒	욘쥬우고보-	45초	forty-five seconds
(8) 年齡	**Nenrei**	연령	**Age**
1歲	잇사이	한살	one year old
9歲	규우사이	아홉살	nine years old
10歲	짓사이(쥬우사이)	열살	ten years old
20歲	하따쩨	스무살	twenty years old
30歲	산짓사이(산쥬우사이	서른살	thirty years old
40歲	욘짓사이(욘쥬우사이	마혼살	forty years old
50歲	고짓사이 (고쥬우사이)	쉰살	fifty years old

	Kazokukankei	가족관계	Family Relations
(9) 家族關係			
父	치새	부	father
母	하하	모	mother
兄	아니	형	elder brother
姉	아네	누나	elder sister
弟	오도오또	동생	younger brother
妹	이모오또	여동생	younger sister
祖父	소후	조부	grandfather
祖母	소보	조모	grandmother
おじ	오지	숙부	uncle
おば	오바	숙모	aunt
いとこ	이토꼬	종형제자매	cousin
両親	료오신	양친	parents
兄弟	쿄오다이	형제	brothers
姉妹	시마이	자매	sisters
子供	코도모	아이	children
息子	무스꼬	아들	son
娘	무스메	딸	daughter
孫	마고	손자	grandchildren
赤ん坊	아칸보오	유아	baby
主人	슈진	주인	(my) husband
家内 (妻)	카나이(쓰마)	처	(my) wife
老人	로오진	노인	aged

	Shokugyō	직업	Professions (Occupations)
(10) 職業			
校長	코오쵸오	교장	principal
教師	쿄오시	교사	teacher
先生	센세이	선생님	teacher
教授	쿄오쥬	교수	professor
講師	코오시	강사	lecturer
医者	이샤	의사	doctor
弁護士	벤고시	변호사	lawyer

技師	기시	기사	engineer
俳優	하이유우	배우	actor
新聞記者	신분키샤 isha	신문기자	reporter
銀行家	깅코오카	은행가	banker
実業家	지쓰교오카	실업가	business man
農夫	노오후	농부	farmer
漁師	료오시	어부	fisherman
(11) 疑問詞	**Gimonshi**	의문사	**Interrogative Pronouns**
なに	나니	무엇	what
どれ	도레	어느것	which
どちら	도찌라	어느쪽	which one (which direction)
なぜ	나제	왜	why
いつ	이쯔	언제	when
いつまで	이쯔마데	언제까지	how long
いくら	이꾸라	얼마	how much
いくつ	이꾸쯔	몇개	how many, how old
誰	다레	누구	who
(12) 天候	**Tenkō**	날씨	**Weather**
雨	아메	비	rain
小雨	코사메	가랑비	mighy rain
大雨	오오아메	큰비	heavy rain
雪	유끼	눈	snow
台風	타이후우	태풍	typhoon
地震	지신	지진	earthquake
晴	하레	개임	fine
曇り	쿠모리	흐림	cloudy
凍る	코오루	얼다	freeze
暑い	아쓰이	뜨거운, 더운	hot
寒い	사무이	추운	cold
涼しい	스즈시-이	시원한	cool
暖かい	아따따까이	따뜻한	warm

(13) 四季	Shiki	사계절	**Seasons**
春	하루	봄	spring
夏	나쓰	여름	summer
秋	아끼	가을	autumn
冬	후유	겨울	winter
(14) 色	**Iro**	물감	**Colours**
赤	아까	빨강	red
白	시로	하양	white
黑	쿠로	까망	black
黄	키	노랑	yellow
青	아오	파랑	blue
綠	미도리	녹색	green
桃色	모모이로	연분홍	pink
紫	무라사끼	보라빛	purple
茶色	차이로	갈색	brown
灰色	하이이로	회색	grey
(15) 言語	**Gengo**	언어	**Languages**
日本語	닙뽕고	일본어	Japanese
中國語	츄우꼬꾸고	중국어	Chinese
韓國語	칸꼬꾸고	한국어	Korean
英語	에이고	영어	English
フランス語	후란스고	불란서어	French
ドイツ語	도이쯔고	독일어	German
イタリア語	이따리아고	이태리-어	Italian
(16) 人種	**Jinshu**	인종	**Races**
日本人	닙뽄진	일본인	Japanese
中國人	츄우꼬꾸진	중국인	Chinese
韓國人	칸꼬꾸진	한국인	Korean
英國人 (イギリス人)	에이꼬꾸진 (이기리스진)	영국인	English
米國人 (アメリカ人)	베이꼬꾸진 (아메리까진)	미국인	American

フランス人	후란스진	불란서인	French
ドイツ人	도이쯔진	독일인	German
イタリア人	이따리아진	이태리-인	Italian
インド人	인도진	인도인	Indian

(17) 國 **Kuni** **국가** **Countries**

日本	닙뽄	일본	Japan
中国	츄우꼬꾸	중국	China
韓国	칸꼬꾸	한국	Korea
イギリス	이기리스 (에이꼬꾸)	영국	England
アメリカ	아메리까 (베이꼬꾸)	미국	America
フランス	후란스	불란서	France
ドイツ	도이쯔	독일	Germany
イタリア	이따리아	이태리	Italy
インド	인도	인도	India

글씨를 쓰는 법
ひらがな (히라가나)

あ	一	十	あ	あ	
い	い	い	い		
う	ー	う	う		
え	`	え	え		
お	一	十	お	お	
か	つ	カ	か	か	
き	一	二	き	き	き
く	く	く			
け	l	に	け	け	
こ	ー	こ	こ		
さ	一	さ	さ	さ	
し	し	し			
す	一	す	す		
せ	一	せ	せ	せ	
そ	`	そ	そ		
た	一	ナ	た	た	た
ち	一	ち	ち		
つ	つ	つ			
て	て	て			
と	`	と	と		
な	一	ナ	な	な	
に	l	に	に	に	
ぬ	`	ぬ	ぬ		
ね	l	ね	ね		
の	の	の			

カタカナ (가타카나)

ア	ー	ア	ア		
イ	ノ	イ	イ		
ウ	`	'	ウ	ウ	
エ	一	T	エ	エ	
オ	一	ナ	オ	オ	
カ	フ	カ	カ		
キ	一	ニ	キ	キ	
ク	ノ	ク	ク		
ケ	ノ	ヒ	ケ	ケ	
コ	フ	コ	コ		
サ	一	十	サ	サ	
シ	`	ミ	シ	シ	
ス	フ	ス	ス		
セ	L	セ	セ		
ソ	`	ソ	ソ		
タ	ノ	ク	タ	タ	
チ	一	ニ	チ	チ	
ツ	`	ツ	ツ		
テ	一	ニ	テ	テ	
ト	l	ト	ト		
ナ	一	ナ	ナ		
ニ	一	ニ	ニ		
ヌ	フ	ヌ	ヌ		
ネ	`	ヲ	ネ	ネ	ネ
ノ	ノ	ノ			

は	し	に	は	は	
ひ	ひ	ひ			
ふ	゛	ふ	ふ	ふ	ふ
へ	へ	へ			
ほ	し	に	に	ほ	ほ
ま	一	二	ま	ま	
み	み	み	み		
む	一	む	む	む	
め	＼	め	め		
も	＼	と	も	も	
や	つ	や	や	や	
ゆ	ゆ	ゆ	ゆ		
よ	・	よ	よ		
ら	`	ら	ら		
り	l	り	り		
る	る	る			
れ	l	れ	れ		
ろ	ろ	ろ			
わ	l	わ	わ		
ん	ん	ん			
を	㇅	を	を	を	

ハ	ノ	ハ	ハ		
ヒ	ー	ヒ	ヒ		
フ	フ	フ			
ヘ	ヘ	ヘ			
ホ	一	十	ホ	ホ	ホ
マ	フ	マ	マ		
ミ	`	ミ	ミ	ミ	
ム	ム	ム	ム		
メ	ノ	メ	メ		
モ	一	二	モ	モ	
ヤ	ー	ヤ	ヤ		
ユ	フ	ユ	ユ		
ヨ	フ	ヨ	ヨ	ヨ	
ラ	一	ラ	ラ		
リ	l	リ	リ		
ル	ノ	ル	ル		
レ	レ	レ			
ロ	l	ロ	ロ	ロ	
ワ	`	ワ	ワ		
ン	`	ン	ン		
ヲ	一	二	ヲ	ヲ	

■ 저자 : 하 영 환 ■

(前) 일본여행가이드 일본어교육 강좌
　　　일본문화교류협회(前 간사장)

| 스마트 일본여행회화 | 定價 15,000원 |

2018年 8月 05日　인쇄
2018年 8月 10日　발행
　　저 자 : 하 영 환
　　발행인 : 김 현 호
　　발행처 : 법문 북스
　　공급처 : 법률미디어

152-050
서울 구로구 경인로 54길4(구로동 636-62)
TEL : 2636-2911~3, FAX : 2636~3012
등록 : 1979년 8월 27일 제5-22호
Home : www.lawb.co.kr

ISBN 978-89-7535-324-6 13730

파본은 교환해 드립니다.
본서의 무단 전재·복제행위는 저작권법에 의거, 3년 이하의
징역 또는 3,000만원 이하의 벌금에 처해집니다.